Reiner Strunk · Menschen am Kreuzweg

Reiner Strunk

# Menschen am Kreuzweg

Gestalten und Geschichten der Passion

 Quell Verlag Stuttgart

ISBN 3-7918-2041-9 (kartoniert)
ISBN 3-7918-2076-1 (gebunden)

© Quell Verlag Stuttgart 1979
Printed in Germany. Alle Rechte vorbehalten
1. Auflage 1979
Einbandgestaltung: JAC
Satz und Druck: Quell Verlag Stuttgart

Barbara
und den Kindern
Silke und Mirjam

# Inhalt

*Wir benötigen Geschichten, weil wir von der einen Geschichte der Versöhnung leben. Vor allen andern Geschichten benötigen wir diese eine, in der auch unsere Versöhnung erzählt wird. In diesem Sinn bildet die Passion eigentlich die Ur-Geschichte.* RUDOLF BOHREN

*Das Kreuz erzählt eine Geschichte. Seine Geschichte: eine fremde Leidensgeschichte von einem, der Äußerstes zu erleiden hatte. Es kommt aber von den Erfahrungen mit dieser Geschichte, daß man sie erzählt und immer weitererzählt. Die Haupterfahrung mit dieser Geschichte ist, daß sie nicht einfach fremd und befremdlich bleiben muß: eine Geschichte, die an die Brutalität des Leidenmüssens erinnert und die man am besten verdrängt, weil es dafür so viele bedrängende Beispiele und keine Lösungen gibt. Diese Geschichte wird vielmehr auch anders erfahren: nicht nur so, daß sie uns eine fremde Bestimmung und Orientierung unseres Lebens aufzwingt, die wir erleiden, sondern auch so, daß sie aufdeckt, woran wir leiden, und uns, indem sie uns wahr macht, auch frei macht für neue Lebensmöglichkeiten, die sie in sich trägt.* WERNER JETTER

# Vorwort

Was vergangen ist, das kommt nicht wieder, sagt der Volksmund; aber er redet in diesem Fall die Sprache der Hoffnungslosen. Deshalb muß ihm widersprochen werden.

Was nicht wieder kommt, ist tot und nichtig. Man kann es auf sich beruhen lassen. Es ist nicht der Rede wert.

Aber nicht alle Vergangenheit ist tot und nichtig. Es gibt Geschichte sowie Ereignisse und Erfahrungen aus der Geschichte, die sehr wohl der Rede wert sind. Wenn sie von Menschen absichtlich vergessen oder verschwiegen werden, kann es dazu kommen, daß »die Steine schreien« (Lukas 19,40).

Die Bibel erzählt von Ereignissen und Erfahrungen, die vergangen sind. Aber diese Vergangenheit ist nicht tot, es sei denn, wir hätten sie getötet. In dieser Vergangenheit verbirgt sich Wahrheit, die heute gilt, wie sie gestern gegolten hat, und solche Wahrheit ist immer und überall der Rede wert.

Die Wahrheit der Bibel ist die Wahrheit von Gott und den Menschen. Gott ist derselbe, damals und heute. Und die Menschen sind, alles in allem, ebenfalls dieselben, damals und heute. Wer sich darauf einläßt, Menschen der Bibel zu begegnen, ist dabei, sich selbst zu begegnen. Erkenntnis der Menschen, von denen die Bibel erzählt, ist immer ein Stück Selbsterkenntnis; und auch, wodurch diese wahrhaftig erst bemerkenswert wird, ein Stück Gotteserkenntnis.

In diesem Buch geht es um Gestalten aus der Passionsgeschichte. Menschen, von denen uns teils ausführlich, teils beiläufig berichtet wird. Aber ausnahmslos Menschen, die dem Christus begegnet sind, als er unterwegs war nach Golgatha; am Rande begegnet wie der römische Hauptmann oder wie Simon von Cyrene, der — zufällig vom Felde heimkehrend — den Weg der Hinrichtungsprozession kreuzte; oder auch tief in den Prozeß verstrickt, der gegen Jesus angestrengt wurde, wie Pilatus oder Kaiphas. Diese Menschen am Kreuzweg des leidenden Christus waren keine Statisten. Sie waren persönlich beteiligt und persönlich betroffen. Simon von Cyrene muß das Kreuz tragen; Petrus erlebt, wie er seinen Herrn verläßt, gegen seine ursprüngliche Absicht; Kaiphas zerreißt aus Schmerz und Zorn sein Gewand; Barabbas wird frei; Maria findet zu dem, den sie lange mit Schmerzen gesucht hatte; Judas zerbricht an seinem Verrat, und der Schächer am Kreuz wird sterbend ein anderer. Diese Gestalten und ihre Geschichten verdienen Aufmerksamkeit. Sie gehören der Vergangenheit an, aber ihre Vergangenheit ist der anteilnehmenden Rede wert. Denn in ihrer Vergangenheit spiegelt sich die Wahrheit Gottes, der Menschen heimsucht und Menschen verändert. Und es spiegelt sich darin zugleich unsere eigene menschliche Wirklichkeit.

Wer an Menschen und ihre Geschichte erinnern will, muß zu erzählen versuchen. Deshalb ist dieses Buch über Gestalten aus der Passionsgeschichte ein erzählendes Buch. Es hat Personen und Ereignisse zu seinem Gegenstand. Es ist aber deswegen kein Roman und auch keine Geschichtsschreibung. Denn der Roman ist Literatur gewordene Phantasie, und die Geschichtsschreibung ist Literatur gewordene Tatsachenkunde. Hier soll erzählt werden, indem möglichst beides zusammenkommt: historische Sachkunde und Phantasie des Glaubens.

Für Neugierige, die etwas mehr über Anstöße zu einer erzählenden Theologie erfahren möchten, ist der Anhang beigegeben.

*Reiner Strunk*

# Maria

*Namenlos, unbeachtet, von Schmerzen und
Enttäuschungen gebeugt, hat sie gelebt. Unbeachtet ist sie auch dahingegangen. Die Zeitgenossen haben ihren Tod nicht vermeldet, ihren
Namen nicht erwähnt.*

SCHALOM BEN-CHORIN

*Meine Seele rühmt den Herrn
und hebt ihn über alles empor.
Mein Geist freut sich über den Herrn,
den Gott, der mir hilft.
Denn er ist seiner Magd,
die so niedrig ist, freundlich begegnet.
Die Mächtigen taumeln von ihren Thronen,
und die Getretenen richtet er auf.
Hungrige sättigt sein Reichtum,
und Reiche treibt er mit leeren Händen davon.*

AUS MARIAS LOBGESANG, LUKAS 1
(Übertragung nach Jörg Zink)

Zuerst hatte sie's abgelehnt, sich ihnen anzuschließen. Sie wolle
für sich sein. Ihr fehle nichts. Die Stadt sei ihr nicht fremd, sie
kenne sich aus von früheren Besuchen, auch bei Gelegenheit großer Jahresfeste, zu denen sie gemeinsam herzupilgern liebten, als
sie noch eine Familie waren. Nein, Fürsorge brauche sie nicht.
Im übrigen lebten Verwandte in Jerusalem, keine reichen Leute,
aber hilfsbereit, an die könne sie sich wenden, sofern Bedarf sei.
Am liebsten jedoch, sie möchte das wiederholen, bleibe sie allein.
Man möge sie gewähren lassen.
Sie hatte das alles sehr leise gesprochen, stockend, aber mit

11

Nachdruck. Die beiden Frauen aus dem Jüngerkreis Jesu, Maria aus Magdala und die Frau des Klopas, die sie gesucht hatten, waren unschlüssig. Sie waren durch einen Wink aufmerksam geworden, den ihnen ein Festpilger aus Nazareth gegeben hatte. Der hatte frühmorgens in ihrer Unterkunft vorgesprochen, nachdem er sich zunächst überall in der Stadt nach engen Vertrauten des Jesus aus Nazareth erkundigt hatte und unterdessen sogar selbst verdächtigt worden war, zu seinen Anhängern zu zählen. Er hatte berichtet, Maria, die Mutter Jesu, sei in Jerusalem, er habe sie auf dem Platz gegenüber dem hohenpriesterlichen Palast gesehen und sogleich erkannt. Wie versteinert habe sie dort gestanden; er selbst habe sich, eine geschäftliche Angelegenheit zu regeln, entfernt, sei später über den Platz zurückgekehrt, und da habe sie immer noch unbeweglich, wie abwesend auf derselben Stelle verharrt. Besorgt um sie habe er überlegt, was anzufangen sei. Ganz offensichtlich sei sie ohne Begleitung in Jerusalem, sie habe sich auch keineswegs dem Pilgerzug angeschlossen, der sich vor Tagen in Nazareth formiert habe und zum Passahfest in die Hauptstadt aufgebrochen sei. Er könne sich deshalb nicht erklären, welchen Weg sie eingeschlagen habe. Eine solche Reise allein zu unternehmen, zumal als Frau, sei bei dem zahllosen Räubergesindel im Gebirge ein wirklich verwegenes Abenteuer, das kein vernünftiger Mensch riskiere. Allerdings, fügte der Pilger zögernd, seinen Kopf bedächtig hin und her wiegend, hinzu, es sei, nüchtern betrachtet, nicht gut in Abrede zu stellen, daß Maria sich eigentümlich verändert habe. In Nazareth wisse jedes Kind auf der Straße davon. Manche behaupteten gar, sie sei krank; an ihrer Seele oder in ihrem Geist krank. Er selbst freilich teile diese Auffassung nicht. Gewiß, es sei auffallend, wie sie alle öffentlichen Auftritte mehr und mehr vermeide. Bekanntschaften, die sie früher durchaus pflegte, würden abgebrochen, von einem Tag auf den andern, ohne ersichtlichen Grund. Zu Gesprächen sei sie anscheinend nicht mehr bereit, sie habe sich strikt zurückgezogen, sei oft tagelang wie verschollen und vergraben gewesen in ihrem Haus. Kurzum, seine Überraschung sei nicht gering gewesen, sie nun plötzlich in Jerusalem anzutreffen, so weit von daheim, in dieser lauten und betriebsamen und von Menschen überfüllten Stadt, und er gestehe gern, daß er in aufrichtiger Sorge sei um sie. Zweifellos habe ihre Gegenwart in Jerusalem mit dem Prozeß zu tun, den man — furchtbarerweise mit so bösem Ausgang — gegen ihren Sohn angestrengt habe; wie wohl insgesamt, seiner persönlichen Einschätzung nach, der ganze unverkennbare Wandel im Wesen der Maria mit dem Schicksal ihres ältesten Sohnes sehr eng zusammenhängen dürfte. Wer daran zweifle, kenne weder diese Mutter noch diesen Sohn. Wie auch immer: er selbst jedenfalls habe sich für die Frau aus Nazareth, beinahe seine Nachbarin, verantwortlich gefühlt, und er habe sich daraufhin in der Stadt umgetan, um Vertraute und Freunde Jesu aufzuspüren, die sich dessen Mutter annehmen könnten.

Dann hatte er sie, Maria aus Magdala und die Frau des Klopas, durch die Gassen begleitet, um Maria ausfindig zu machen, und hatte sich, als sie endlich gefunden war, mit einem Gruß verabschiedet und war davongegangen.

Die beiden Frauen hatten Maria angesprochen und erklärt, wer sie seien, was sie wollten, und Maria hatte aufgeblickt, als ob sie aus tiefem Traum plötzlich aufgeweckt würde. Sie war nicht unfreundlich, wirkte vielmehr irritiert und verängstigt wie ein Kind, das sich auf einmal einer ungewissen Lage ausgesetzt sieht. Dann hatte sie sich allmählich gefaßt und der Einladung, den Frauen zu folgen, Widerstand geleistet. Ihre Worte klangen jedoch nicht trotzig oder ärgerlich, eher bittend, als sei ihr daran gelegen, eine schützende Einsamkeit zu wahren, die ihr anscheinend genommen werden sollte.

Maria aus Magdala und die Frau des Klopas ließen ihr Zeit. Sie drängten nicht, nötigten nicht. Sie blieben schweigend an ihrer Seite und warteten ab.

Die Gasse war jetzt nahezu menschenleer. Alles Leben schien den Atem anzuhalten. Die Häuser duckten sich in der Mittagshitze, ein Mann zog seinen Esel, dessen Tragkörbe auf- und niederwippten, hinter sich her in den Schatten.

Maria hob nun langsam ihren Kopf, schaute die Frauen an, die sie so bestimmt und beharrlich in ihre Mitte genommen hatten; schließlich nickte sie. Dann setzte sie sich wortlos in Bewegung, mit mühsamen, ungelenken Schritten; die Frauen ergriffen ihren Arm, führten sie, und so wanderten sie miteinander in stummer Übereinstimmung die Gasse hinab, zum Tor, das aus der Stadt entläßt, auf den Weg hinüber zum Hügel des Gerichts, nach Golgatha.

Keine von ihnen redete ein Wort. Es brauchte keine Worte zwischen ihnen. Maria ließ es sich gefallen, daß sie begleitet, gestützt wurde, sie wehrte sich nicht mehr dagegen, empfand jetzt als wohltuend, was sie vorhin noch verweigert hatte. Der steinige Weg schmerzte ihre Füße, die wund waren von der langen und beschwerlichen Wanderung aus dem Norden über die Berge bis herauf nach Jerusalem. Nein, der Pilgergruppe aus dem Heimatort hatte sie sich nicht zugesellen mögen. Es war ja auch nicht das Fest gewesen, das sie nach Jerusalem gezogen hatte. Und die neugierigen Fragen, die zu erwarten waren, wenn sie der reisenden Dorfgemeinschaft sich anschloß; diese zwiespältige Anteilnahme, die man ihr entgegenbringen würde, um sie auszuhorchen, wie es mit ihren Empfindungen, ihrer Einstellung dem Sohn Jesus gegenüber bestellt sei: das alles hatte sie gefürchtet, und sie hatte es verhindern wollen. Sie ertrug es nicht mehr. In Nazareth hatte das öffentliche Gerede, das allgemeine Kopfschütteln über ihren Sohn und seine Geschichte sie nach und nach verstummen lassen. Was hätte sie auch erwidern sollen? Sie verstand ihn ja selbst nicht mehr, konnte seinen Weg nicht enträtseln.

Es gab Szenen, die in ihrem Gedächtnis haften geblieben waren, die ihr immer aufs neue vor Augen rückten mit einer Lebendigkeit und Farbe, als hätten sie sich eben erst zugetragen. Eine aus seiner Kindheit zum Beispiel, als sie zum Fest der Auslösung ihres erstgeborenen Sohnes nach Jerusalem pilgerten und dort im Tempel dem alten Mann begegneten, der sich blind und greisenhaft an sie herangetastet hatte, mit einem Leuchten auf seinem Antlitz, als habe er auf nichts sonst gewartet als auf diesen einen Augenblick. Der hatte das Kind von ihrem Arm in seine zittrigen Hände genommen und Gebetsworte gemurmelt über ihm, Maria war viel zu erregt, um sie zu verstehen und zu behalten. Aber dann: dann hatte der alte Mann das Kind behutsam in ihre Arme zurückgelegt, hatte die Mutter gesegnet, die dieses Kind geboren habe, und hatte jene entsetzlichen Worte hinzugefügt, die sich ihr unvergeßlich eingeprägt, wie mit glühenden Nadeln eingebrannt hatten:

Siehe, dieser ist eingesetzt,
daß er vielen in Israel zum Fall,
vielen aber auch zum Aufstand werde:
ein Zeichen, dem Widerspruch begegnet.
Und dir selber, der Mutter,
soll's durch die Seele dringen
wie ein Schwert!

Sie hatte damals mehr geahnt als begriffen, was dieser dunkle
Hinweis zu bedeuten habe. Es war der Anfang düsterer Ahnungen gewesen, die sie fortan in ihrem Leben heimsuchen und nicht
mehr loslassen sollten. Scharf und schneidend wie ein Schwert,
das einem durch die Seele dringt, einen innerlich zerteilt, mit Gewalt auseinanderreißt: sie hatte inzwischen erfahren, wie sich das
ereignen kann. Der Sohn geht davon, entfremdet sich seinem Elternhaus, kennt seine Mutter nicht mehr. Aber die Mutter selbst:
sie kann ihn nicht ausschließen aus ihren Gedanken, aus ihrer be-
sorgten, zärtlichen Verbundenheit. Fort aus dem Hause, ist er
doch nicht fort aus ihrem Herzen! Insgeheim wartet sie deshalb,
Tag um Tag, Woche um Woche, wartet auf ein Zeichen von ihm,
auf ein Wort, auf ein Bruchstück seiner Sehnsucht nach Heimkehr. Sie ist geduldig in diesem Warten. Sie verlangt nicht, daß
alles sich wieder einstelle wie in den Tagen seiner Kindheit und
frühen Jugend, denn sie weiß, daß dies unwiederbringlich vergangen ist, und sie leidet auch nicht darunter. Worunter sie leidet, ist dies, daß er ihr fremd geworden ist; nein, daß sie ihm
fremd geworden ist. Er hat sich losgemacht und ist seinen Weg
gegangen, einen Weg, von dem sie wohl manches geahnt hatte,
aber zugleich sehr, sehr wenig verstanden. Fremd war er nun und
doch auch wieder nah, getrennt von ihr und doch ein wesentli-
cher Bestandteil ihres Lebens, ein Teil ihres Herzens. Dies war
die Erfahrung vom Schwert, das schneidend durch ihre Seele
dringen sollte, wie der alte Mann im Tempel sich ausgedrückt
hatte.

An eine zweite Szene, auch aus seinen jungen Jahren, erinnerte
sie sich ebenfalls, sie hatte unzählige Male darüber nachgedacht.
Wieder war's in Jerusalem — die Stadt schien von eigenartiger
Bedeutungsschwere für sein Schicksal; zur Passahzeit war die

Familie, im Verein mit anderen Sippen aus Nazareth und aus benachbarten Orten Galiläas, im festlichen Pilgerzug zur Heiligen Stadt hinaufgezogen, als Jesus eben zwölf Jahre alt war. Die Tage vergingen mit gottesdienstlichen Feiern im Tempel, mit Opfern, festlichen Treffen im Kreis der Freunde, Nachbarn und Verwandten, alles ohne außergewöhnliche Vorkommnisse. Dann wurde zur Abreise gerüstet, das Gepäck auf die Tiere verladen, hier und da Abschied genommen. Die Lasttiere wurden in Marsch gesetzt, die Pilger schlossen sich an, wie sich's eben ergab, man kannte einander, versammelte sich nicht in der festen Ordnung der Familien. Nach einer Tagereise entdeckten sie, daß Jesus fehlte. Suchten noch einmal im Zug, fragten, wer ihn zuletzt gesehn, über seinen Verbleib eine Auskunft hätte, und entschlossen sich, nach Jerusalem umzukehren. Ein aufregendes, aber soweit nicht ganz ungewöhnliches Erlebnis für Eltern eines zwölfjährigen Knaben. Dann, in Jerusalem, zeigten sich anfangs nirgendwo Spuren seines Aufenthalts. Das Suchen zog sich hin, wurde angstvoller. Endlich, mehr zufällig, fanden sie ihn im Tempelbezirk, ganz ruhig und unbekümmert, im Gespräch mit schriftgelehrten Männern. Maria erschrak bei diesem Anblick, mehr als sie Stunden zuvor bei ihrem angestrengten Suchen erschrocken gewesen war. Es war, als werde der Sohn ihr in diesem Augenblick genommen. Nicht für eine Weile genommen, sondern für immer. Der da saß und mit den Theologen des Tempels über die Schrift nachdachte und dabei die Ankunft und die Not der Eltern kaum zu erfassen schien, war ihr Sohn und zugleich ein anderer. Sie lief hin, rief ihm zu: Mein Kind, was ist? Warum hast du uns das angetan? Dein Vater und ich suchen dich seit Stunden, und das mit Angst und Schmerzen! — Seine Antwort war die eines Sohnes, der bereits von seiner Mutter abgerückt und in einem ganz anderen Haus, einer anderen Welt daheim zu sein schien: Wußtet ihr nicht, daß ich dort zu sein habe, wo mein Vater ist?

Maria hatte nichts erwidert, sie hatte versucht zu lächeln, in irgendeiner Form des Einverständnisses zu lächeln und darzutun, daß sie keineswegs zornig sei, nicht etwa Vorwürfe zu machen, Strafe anzudrohen gedenke. Sie war mit ihrem Mann still hinausgegangen, hatte draußen gewartet.

Seine Antwort war ihr in Erinnerung geblieben, aber auch ihre

eigene Frage, diese flehentlich vorgetragene Frage, die aus ihr
hervorgebrochen war wie ein Schrei: Weißt du, daß wir dich mit
Schmerzen gesucht haben? — Es war die ganze Wahrheit. Ihre
ganze Wahrheit. Daß sie ihn, den Sohn, den sie liebte und der ihr
fremd zu werden, ihr fern zu rücken drohte, mit Schmerzen
suchte: das war ihre Wahrheit. Damals bei dieser einen Begegnung im Tempel von Jerusalem und bei ungezählten, immer wie-
derkehrenden Gelegenheiten danach. Was sie an ihm suchte und
zu suchen nicht aufhören mochte, das konnte sie anscheinend
nicht finden; je länger, je weniger, glaubte sie.

Die Frauen hielten sie fest, als es talwärts ging auf dem steinigen
Weg. Die Sonne stand sengend in einem wolkenlosen Himmel.
Niemand schien unterwegs zu sein außer ihnen. Die Weinberge
und Gärten ringsum lagen verlassen, die Pfade schlängelten sich
hindurch, erstarrte Linien, ohne Leben. Der Todeszug mit dem
verurteilten Jesus, ihrem Sohn, in der Mitte mußte das Tal längst
durchquert haben, auf dem Hügel der Hinrichtung angekommen
sein. Da waren nun Menschen in seiner Umgebung, die ihm ganz
fremd und unbekannt sein mußten: römische Soldaten, die nicht
einmal seine Sprache, geschweige denn seine Worte, seinen Weg
verstehen konnten; offizielle Vertreter des Synhedriums, die als
Beobachter abgeordnet waren, nichts anderes in ihrem Sinn, als
sein Ende, möglichst ein klägliches, verzweifeltes, entlarvendes
Ende zu registrieren. Und seine Jünger? Menschen, die er früher
um sich geschart, denen er sich anvertraut hatte, denen er seine
Zeit, seine Zuneigung, sein Leben gewidmet hatte — wo waren
die? Hatten sie etwa seinen Weg gesäumt, diesen letzten, tödlichen Weg, den man ihn zu gehen gezwungen hatte? Harrten sie
jetzt aus, unter seinem Kreuz, treu und unbeirrt, wie man das von
Menschen des engsten und tiefsten Vertrauens erwarten darf?
Maria schaute nach rechts und nach links, auf diese beiden
Frauen, die sie begleiteten wie selbstverständlich, ohne einen Augenblick gezögert zu haben. Und wenn ihm nun niemand geblieben ist außer diesen Frauen, dachte Maria; niemand sonst, der
ihm die Treue hält, vielleicht ein wenig Trost spendet. Wenn keiner übrig geblieben ist von denen, die er so feierlich seinen Vater,
seine Mutter, seine Brüder geheißen hatte; Menschen, mit denen
ihn mehr und Tieferes verband als die Blutsverwandtschaft;

wenn die nun alle in den Stunden seines Sterbens abwesend waren, auseinandergelaufen wie eine hilflose Herde, die ohne Hirten ist?

Maria erinnerte sich an Kapernaum am See: die schmerzlichste, zugleich die letzte Szene, die sie mit ihrem Sohn erlebt hatte. Er hatte Nazareth, das Elternhaus, die kleine Werkstatt hinter sich gelassen, war davongezogen, keiner wußte zu sagen: wohin. Dann trafen Nachrichten ein im Dorf, seltsame, beunruhigende Nachrichten: Jesus mache von sich reden im Land, habe wunderbare Heilungen vollbracht, viel mehr als eine, er ziehe umher, predige, daß Gott nahe sei, das Reich des Friedens aufzurichten, und die Menschen glaubten ihm. In den Ortschaften, die er erreiche, werde er begeistert empfangen, Hoffnungen knüpften sich an seine Person, kranke, hilfsbedürftige Leute liefen ihm hinterdrein, fielen aus Ehrfurcht vor ihm nieder, küßten die staubige Erde zu seinen Füßen. Die Bewohner in Nazareth, die ihn von Kind auf kannten, waren teils belustigt, teils entsetzt über solche Neuigkeiten; redeten von hochfahrendem, lästerlichem Gebaren. Die Mutter wurde aufgefordert, Stellung zu nehmen, sie könne den Dingen nicht unbeteiligt ihren Lauf lassen, es gebe eine Mitverantwortung der Angehörigen, wenn einer in bedenklicher Verworrenheit seines Geistes öffentlichen Schaden anrichte und in den Köpfen leichtgläubiger Menschen gefährliche Wahnvorstellungen entzünde. Dem Treiben müsse Einhalt geboten werden, ehe es verheerend außer Kontrolle gerate.
Maria hatte die Mahnungen und Ratschläge angehört und geschwiegen. Sie war eine einfache Frau. Sie fühlte sich nicht berufen, ihrem Sohn entgegenzutreten, der ihr längst entglitten war. Ihr Geschäft war die Versorgung des bescheidenen Haushalts, der ihr geblieben war, für größere Aufgaben war sie nicht geschaffen. Die Kinder hatte sie aufgezogen, sie waren inzwischen erwachsen, fast allesamt aus dem Haus gegangen, benötigten und duldeten keinen Vormund mehr. Der Mann war tot, schon seit Jahren. Sie hatte sich darauf eingerichtet, für ihren Unterhalt Stoffe und Tücher herzustellen am häuslichen Webstuhl, und verkaufte sie mit geringem Erlös auf den Märkten in der Nachbarschaft. Mehr als das, was sie zu erledigen imstande war, sollte man nicht von ihr verlangen.

Aber die Nachbarn ließen keine Ruhe. Auch die übrigen Söhne suchten sie nun häufiger auf, bedrängten sie, etwas zu unternehmen. Auf seine Mutter werde der Sohn, dem sich alle Grenzen merkwürdig verrückt zu haben schienen, noch hören. Er werde sich darauf verpflichten lassen, daß es ein Gebot sei, Vater und Mutter zu ehren.

Nach Tagen endlich hatte sie sich erweichen lassen. Sie erklärte sich damit einverstanden, nach Kapernaum hinabzuwandern und ihn, soweit es in ihrer Macht stehe, zur Heimkehr zu bewegen. Die Brüder, die entschieden der Auffassung waren, daß Jesus geisteskrank sei und darum unter familiärer Aufsicht in Nazareth festgehalten werden müsse, boten ihre Begleitung an. Vielleicht, meinten sie, würden kräftige Arme gebraucht, die zuzupacken verstünden. Der Mutter wollten sie gern das Wort überlassen, an ihnen sei's, zur Tat zu schreiten, sofern sie erforderlich sei.

Aber es sollte sich alles ganz anders entwickeln. Sie waren in Kapernaum eingetroffen, hatten keine Mühe, das Haus ausfindig zu machen, in dem Jesus mit seinem Gefolge untergebracht war. Der Eingang war belagert von Menschen, die ins Haus einzudringen oder von innen her etwas in Erfahrung zu bringen versuchten. Man mußte sich gedulden. Die Brüder rieten, Jesus eine Nachricht übermitteln zu lassen: er möge vors Haus treten, denn seine Mutter sei da, ebenfalls seine Brüder. Sie alle seien in Sorge um ihn, möchten mit ihm reden. — Maria hatte nicht die Kraft, den Vorschlag zu beurteilen. Sie fühlte sich erschöpft. Auf der Wanderung hatte sie sich wieder und immer wieder gefragt, ob sie das Recht habe, ihrem Sohn entgegenzutreten mit der Autorität einer Mutter und ihn abzubringen von einem Weg, den er zu beschreiten angefangen hatte und von dem es Ahnungen, Zeichen gab, die nur sie, Maria, kannte und als Geheimnis in ihrem Herzen verschloß. Sie hatte sich gequält mit diesen Fragen, hatte mehr als einmal erwogen, ob es nicht besser sei umzukehren. Sie war um so verzagter geworden, je mehr sie sich Kapernaum näherten. Jetzt ließ sie geschehen, was zu verhindern sie nicht in der Lage war. Der Bote wurde ins Haus geschickt, verschwand zwischen den wartenden, aufmerksam lauschenden Menschen. Bange Augenblicke folgten. Maria hatte sich abgewandt, fragte sich, wie sie's aufnehmen werde, wenn er ihr unvermittelt aus dem Haus gegenüberträte; welche Erklärung sie finden, welche Forderung aussprechen werde.

Dann kam der Bote zurück. Ohne den Sohn. Er brachte nichts als eine knappe, verwirrende Antwort; eine von jenen Antworten, die sie treffen konnten, wie ein Schwert trifft, das einem die Seele zerteilt: der alte Mann im Tempel zu Jerusalem hatte etwas gewußt und vorhergesagt davon. Die Brüder hatten den Boten rasch umringt, verlangten genaue Auskunft, als der Mann innehielt, sich anscheinend nicht leicht entschließen konnte zu sagen, was ihm zu sagen aufgetragen war. So bat er zunächst umständlich um Vergebung; er hoffe, seine Mission ordentlich ausgeführt und auch den Meister nicht mißverstanden zu haben, obwohl es ihm schwerfalle zu durchschauen, was dies alles zu bedeuten habe. Der Meister nämlich habe, nachdem ihm die Ankunft seiner Familie angekündigt war, sogleich zurückgefragt, wer das wohl sei: seine Familie; seine Mutter, seine Brüder? Und dann, als offensichtlich niemand recht begreifen wollte, was er meinte, habe er über die Versammlung hinweggeblickt, mit dem Finger auf diesen und jenen gedeutet und dazu erklärt: Seht doch, das hier sind meine Mutter, meine Brüder! Wer den Willen Gottes erfüllt, der ist mir eine Mutter, ein Bruder, eine Schwester. Wer sollte es außerdem sein?

Die Brüder waren fassungslos vor Zorn, bestürmten die Mutter, nun auf keinen Fall nachzugeben, sie seien bereit, auch gewaltsam einzuschreiten, wenn sonst keine Möglichkeit bleibe. Maria kauerte auf einem Stein am Wegrand, sie war bei den Worten des Boten wie unter Geißelhieben zusammengesunken, hatte das Gesicht in die Hände vergraben. Sie wollte nichts mehr hören, nichts erwidern. Nur fort wollte sie, dieses Haus, diese Stadt hinter sich lassen, wieder daheim sein, einen Raum haben, in dem sie sich auskannte und wo sie Zeit und Gelegenheit fand nachzusinnen, ihre Eindrücke und Gefühle zu ordnen und niemandem Rechenschaft schuldig zu sein. Noch einmal hatte sie den Sohn, der ihr entwachsen war, ganz anders noch, als gewöhnlich ein Sohn seiner Mutter entwächst, noch einmal hatte sie diesen Sohn mit Schmerzen gesucht. Noch einmal hatte sie seinen Aufenthalt gefunden, aber nicht ihn selbst.

Als sie sich erhob und den Söhnen zu verstehen gab, daß sie unverzüglich heimzukehren wünsche, entdeckte sie, daß trotz allem kein Zorn, keine Spur von Bitterkeit in ihr war. Die Söhne jedoch schienen ausgefüllt davon, konnten kein Ende finden, den Bruder anzuklagen und zu verlangen, daß wieder aufgebaut und geheilt werden müsse, was hier blindlings zerschlagen worden sei. Maria erhob keine Vorwürfe. Sie fragte sich, ob sie gut beraten war, nach Kapernaum zu gehen; ob sie, die sich anschickte, den Sohn in seine vermeintlichen Schranken zu weisen, tatsächlich ihre eigenen Schranken beachtet hatte. Sie würde es vermutlich lernen müssen, diesen Sohn gewähren zu lassen, auch wo es ihr Schmerzen bereitete. Sie würde ihn nicht halten können, das war heute ganz unmißverständlich geworden; nun mußte sie sich überwinden, ihn auch nicht länger halten zu wollen. Aufgeben freilich würde sie ihn nie. Er war ihr Sohn, und er würde es bleiben, solange der Schöpfer ihr vergönnte, zu atmen und zu lieben. Sie würde darauf verzichten, ihn zu sehen, mit ihm zu reden, ihm mit kleinen Gefälligkeiten aufzuwarten. Sie würde sich zurückhalten in Zukunft, sich nicht groß machen, nicht wichtig nehmen, nicht danach fragen, welches Recht, welche Dankbarkeit, welche Zuneigung ihr selbst, der Mutter, gebühre. Nein; sie würde ganz ohne Bitterkeit zurückkehren nach Nazareth, in diese kleine, vertraute Welt ihrer Hauswirtschaft, und für sich bewahren, was sie unverlierbar für ihn empfand ...

Die Frauen hatten inzwischen den Hügel von Golgatha erstiegen. Sie hielten ein. Drüben standen die Kreuze, man unterschied römische Soldaten darunter, Gruppen von Menschen in der Nähe. Maria wartete. Sie hatte auf einmal das Gefühl, kehrtmachen und davoneilen zu sollen, den Anblick des sterbenden Sohnes, diese schwere Begegnung nach allem, was sich ereignet hatte, nun doch nicht ertragen zu können. Mit hilfesuchenden Blicken wandte sie sich an die beiden Frauen an ihrer Seite. Die hielten ihren Arm, lenkten sie allmählich vorwärts. Maria schloß die Augen, neigte den Kopf, ließ sich leiten wie eine Blinde ...

Als sie, immer noch gestützt von Maria aus Magdala und der Frau des Klopas, den Weg vom Hügel abwärts und der Stadt entgegen schritt, war ihr, als ob die Zeit auf Golgatha wie im Flug verstrichen, die letzte Begegnung mit dem Sohn so unbestimmt und flüchtig wie ein Traum gewesen sei. Sie vermochte sich nicht zu erinnern an seinen gepeinigten Körper, sein Antlitz, seine Augen. Es war, als habe er selbst es verhindern wollen, seiner Mutter zu nahe zu rücken mit seiner Qual, ihr diesen Anblick, dieses Mitleiden aufzuerlegen, das ihr zu viel geworden wäre. Sie empfand es deutlich. Am Kreuz hängend, entzog er sich ihr noch einmal, auf eine geheimnisvolle Weise, und sie begriff — erstmalig begriff sie es jetzt —, daß dies ein Akt seiner Liebe war. Sie wußte, daß er gestorben war, als sie droben unter seinem Kreuz weilte, unmittelbar in seiner Nähe und zugleich mit einem Abstand, der ihr die Teilnahme überhaupt möglich machte. Er war gestorben, hatte seinen Weg, sein Leiden beendet und war ihr niemals so nah gewesen wie in diesem Augenblick. Was sie von vorhin im Gedächtnis aufhob wie einen Schatz, der alle Schmerzen um seinetwillen aufzuwiegen schien, waren Worte, die er gesprochen hatte kurz vor seinem Tod. Es waren Worte über den Sohn und Worte über die Mutter. Worte für sie. An einen Jünger, der gleichfalls unter dem Kreuz zugegen war, richtete er das eine Wort: Siehe da — deine Mutter! Und an sie selbst, den Jünger betreffend, das andere: Siehe da — dein Sohn!

Der Regen, der schon auf dem Hügel eingesetzt hatte, war stärker geworden, spülte Sand und Lehm zwischen den Steinen des Weges aus, ließ kleine, verzweigte Rinnsale vom Stadttor her den Wandernden entgegenfließen. Die beiden Frauen aus dem Jüngerkreise Jesu hörten, wie Maria nachdenklich vor sich hin sprach, leise, aber vernehmbare Worte:
Mein Sohn, sagte sie, du weißt, ich habe dich mit Schmerzen gesucht.
Ich habe dich nun mit Schmerzen gefunden.

# Barabbas

*Es gab keinen, der nicht über die Standhaftig-
keit und — nenne man es, wie man es wolle —
den Wahnsinn oder die Seelenstärke derselben
erschüttert gewesen wäre. Denn obgleich gegen
sie jede Art von Folter und körperlicher Mißhandlung nur zu dem einen Zweck erdacht
worden war, daß sie den Kaiser als ihren Herrn
bekannten, gab kein einziger nach; vielmehr
bewahrten sie alle ihre Selbstbeherrschung, die
größer war als der Zwang. Es hatte den Anschein, als ob sie mit gefühllosen Körpern und
beinahe freudiger Seele die Folterqualen und
das Feuer auf sich nahmen. Am meisten setzte
die Zuschauer das jugendliche Alter der Knaben in Erstaunen: denn auch von ihnen ließ
sich keiner dazu bewegen, den Kaiser» Herr« zu
nennen. In solchem Maße zeigte sich die Kraft
der Tollkühnheit stärker als die Schwachheit
der Leiber.*
FLAVIUS JOSEPHUS, GESCHICHTSSCHREIBER
DER JÜDISCHEN BEFREIUNGSKRIEGE
GEGEN ROM, ÜBER DIE ZELOTEN

Der Legionär hatte sich längst damit abgefunden, daß die Gefangenen in der engen Zelle des Prätoriums ihre Freiheitslieder sangen. Zuerst war er beunruhigt gewesen, hatte Zwischenfälle be-
fürchtet und für seine Wache Verstärkung angefordert. Jetzt
kannte er das. Schaute nur beiläufig durch das Gitter, das die
Zelle verschloß, prüfte mit einem Blick die doppelte Verriege-
lung und band den Riemen seines Helms ein wenig fester. Im
Licht der Fackel, die gleich neben der Eingangstür in ihrer Halte-
rung steckte, konnte er die Gestalten beobachten, die dicht an-

einandergedrängt auf dem feuchten, gestampften Lehmboden kauerten, die Arme auf dem Rücken zusammengebunden, die Füße in Ketten gelegt. Eine Flucht war ausgeschlossen. Aus dieser Festung des Pilatus entkam niemand, auch nicht diese Handvoll Zeloten, die ihr Leben dem Widerstand verschrieben hatten und sogar im Kerker nicht bereit schienen, ihre Sache aufzugeben. Sie saßen da, von Foltern gezeichnet, von Hunger geschwächt, aber sie sangen ihre Lieder, in regelmäßigen Abständen, wie ein unaufgebbares Ritual. In den vergangenen Tagen und Nächten waren sie mehrmals einzeln abgeholt, verhört und genötigt worden, Namen zu nennen, Pläne der zelotischen Verschwörung preiszugeben, unbekannte, irgendwo im judäischen Gebirge vermutete Widerstandsnester zu verraten. Sie hatten alle geschwiegen. Und wenn sie dann wieder in ihrem gemeinsamen Verlies beisammen waren, feierten sie ihre Verschwiegenheit mit diesen Liedern.

Einer von ihnen war Barabbas, ein Kopf der Bewegung, den man vor wenigen Tagen überwältigt und hierhergebracht hatte, als er unweit der Stadt einen Überfall auf eine Kaufmannskarawane verübt hatte und mit seinen Partisanen in einen Hinterhalt der Römer geraten war. Es hatte Tote und Verletzte gegeben, aber die meisten Zeloten konnten trotzdem entkommen, nur Barabbas und drei seiner Männer fielen in die Hände der Legionäre. Pilatus hatte sie daraufhin im Prätorium zusammengeschlossen mit einigen Sikariern, die ein paar Tage zuvor in Jerusalem aufgespürt und verhaftet worden waren, ohne daß ihnen bislang strafwürdige Vergehen eindeutig nachgewiesen werden konnten. Diese Sikarier zählten zu der radikalisierten und von den Römern ebenso wie von der jüdischen Oberschicht besonders gefürchteten Gruppe der Befreiungsbewegung. Sie hatten den Kampf aus den Bergen und aus der Wüste mitten in die Stadt getragen. Allein mit dem kurzen Schwert — der sica — bewaffnet, das sich leicht unter dem Gewand verbergen ließ, suchten sie am hellen Tage ihre Opfer mitten in der Volksmenge. Mehrere römische Beamte, auch wohlhabende jüdische Gutsbesitzer waren auf diese Weise in jüngster Zeit ums Leben gekommen, und in den Kreisen der römischen Militärverwaltung war man unschlüssig, wie dieser neuen Taktik des gezielten Attentats auf einflußreiche Persönlichkeiten der Gesellschaft wirkungsvoll zu begegnen sei.

Militärischer Einsatz war erfolgversprechend in freiem Gelände und gegen organisierte Einheiten des Widerstands, mit denen Kleinkriege ausgefochten werden konnten; hier, auf dem engen Raum der Hauptstadt, im unüberschaubaren Netz der Gassen und Plätze, überdies unter dem offensichtlichen Schutz der Bevölkerung richteten militärische Kraftanstrengungen nichts aus. Man versuchte es deshalb mit List, mit Denunziantentum und mit aufsehenerregenden Verhaftungen, wobei es durchweg von untergeordneter Bedeutung war, ob dies Schuldige oder Unschuldige traf.

Der Gesang verstummte, als sich das schwere Tor oberhalb der Stiegen, die zum Kerker herabführten, kreischend in seinen Angeln bewegte und eine römische Wachmannschaft herunterkam. Auf ein Zeichen erhob sich der Legionär, der vor der Zelle seinen Wachdienst versehen hatte, schob die Riegel am Einlaßgitter zurück, trat wortlos unter die Gefangenen, deutete auf Barabbas, löste die Kette an seinen Füßen und befahl ihm aufzustehn. Barabbas gehorchte. Es fiel ihm schwer, die erstarrten Glieder zu regen, und als er auf den Beinen war, taumelte er. Der Legionär faßte ihn um die Schulter, beinahe freundschaftlich, brachte ihn zum Ausgang der Zelle und übergab ihn der Wachmannschaft, die ihn sogleich abführte, die Stiege hinauf und durchs Gefängnistor. Als es lärmend ins Schloß gefallen war, wurde es wieder still.

Barabbas zweifelte nicht daran, daß er zu seiner Hinrichtung abgeholt worden war. Das Todesurteil hatte Pilatus bereits gefällt, weitere Verhöre, einschließlich der Folterungen, waren unwahrscheinlich, nachdem die vorherigen ergebnislos verlaufen waren. Den Tod hatte er erwartet, es war gut, wenn er nicht allzu lange hinausgeschoben wurde. Sie alle, die den Weg in den bewaffneten Widerstand gefunden hatten, rechneten mit dem Tod. Er war kein Schrecken, eher ein Stück Erfüllung für sie. Sie waren Zeloten, waren »Eiferer«, und Todesbereitschaft bedeutete nicht weniger als das Siegel auf die Wahrheit ihres Eiferns. Ihr Blut war das letzte Opfer, das sie bereit und imstande waren, Gott darzubringen, ihrem einzigen Herrn; und es war zugleich Sühne, für ihre eigenen Taten und für die Sünden des Volks, das abgefallen war und anderen Herren diente, dem römischen Kaiser und seinem Prokurator. — Barabbas mühte sich, aufrecht zu gehen, mit

25

erhobenem Haupt. Es sollte deutlich werden, daß er ungebrochen war in seinem Widerstand, auch in seinem Stolz; selbst gefangen und zum Tode verurteilt noch Sieger über die Feinde, die zwar sein Leben auslöschen konnten, aber nicht seinen Eifer für Gott und für die Freiheit seines Volkes Israel.

Eiferer, Zeloten, ja, so hatte man sie genannt, und sie hatten sich's gefallen lassen. Räuber dagegen waren sie nicht, wie römische Anklagen und jüdische Propaganda aus den Kreisen des Priesteradels und der Grundherrschaft der Öffentlichkeit andauernd einreden wollten, um ihre wahren Ziele vor dem Volk zu verschleiern und das Unwesen einer vermeintlichen Verbrecherbande billig anzuprangern. Nein, Räuber waren sie nicht, und das Volk, das zu großen Teilen auf ihrer Seite war, wußte es. Der Eifer für Gott, den sie auf ihre Fahnen geschrieben und stellvertretend für das ganze Volk Israel ausgeübt hatten, war keine Sache für Kriminalgesetze, schon gar nicht für Kriminalgesetze der fremden Provinzhoheit. Dieser Eifer war heilige Handlung; war heiliger Krieg in den Stürmen der Endzeit; Fanal für das heraufdämmernde Reich des Friedens, das Reich Gottes.
Er hatte seine Geschichte, dieser lodernde Eifer für das alleinige Herrschaftsrecht Gottes in seinem Volk Israel; hatte seine gute und ehrfurchtgebietende und verpflichtende Tradition. Mit Pinehas, dem Priester aus der Zeit der Wüstenwanderung, Sohn Eleazars, Enkel Aarons, hatte es angefangen, das war gleichsam der Heilige, der legendäre Vorvater der Bewegung. Pinehas, der im Eifer für Gott aufgestanden war und in einer Zeit der Versuchung, als das Volk fremden Göttern und Herren untertan zu werden drohte, einen Bruder getötet hatte, der sich mit einer Midianiterin einließ; eine Tat, für die der Täter von Gott den Segen empfing und die Verheißung, weil er an Gottes Statt geeifert und Unheil vom Volk abgewendet habe. Dieser Pinehas war ihnen zum Vorbild aus der Vergangenheit des Bundes geworden und zur Mahnung an die Gegenwart zugleich. Wie Pinehas wollten sie eifern für Gott, und sie durften Gewalt nicht scheuen, wo Gottes Herrschaft auf dem Spiel stand. In der jüngeren Vergangenheit hatten es ihnen Mattathias und seine Söhne, die Makkabäer, beispielhaft vorgelebt, als das Land unter Antiochus, dem grausamen Herrn über Syrien, seufzte; als der Tempelschatz geplün-

dert, das Volk geknechtet, der Kultus verboten, im heiligen Bezirk ein Altar des olympischen Zeus errichtet und die Sabbatfeier bei Todesstrafe untersagt wurde. Zweihundert Jahre war's her inzwischen, aber die Erinnerung an diese Schreckenszeit war gleichwohl lebendig, besonders die Erinnerung an Mattathias und seine Söhne. Sie hatten außerhalb von Jerusalem, in Modein, droben im judäischen Gebirge, vom Eifer für Gott ergriffen, den Aufstand entfesselt, Widerstandskämpfer um sich versammelt und in geschickten Vorstößen den Syrern Gefecht um Gefecht geliefert, bis sie das Land befreit und dem einzigen Herrn des Landes, Gott, die schuldige Ehre erwiesen hatten.

Die Wachabteilung, mit Barabbas in der Mitte, hatte den Innenhof überquert und die Halle erreicht, durch die man nach draußen, auf den Vorplatz des Prätoriums gelangte. Es wurde stillgestanden. Barabbas vernahm Stimmen, das dumpfe, brodelnde Geräusch, das entsteht, wenn eine Menschenmenge versammelt ist, mit einzelnen lauten Rufen dazwischen. Er wußte keine Erklärung dafür. Die Soldaten der Wachmannschaft umringten ihn, aufmerksam und schweigend. Nach einer Weile erschien ein Offizier, trat auf die wartende Gruppe zu, betrachtete den Gefangenen, der mit seinen zerrissenen Kleidern stolz aufgerichtet verharrte, und redete ihn an: Die Gnade des Prokurators gewähre dem Volk zum Passahfest eine Amnestie. Ein Gefangener werde freigelassen. Aber das Volk müsse selbst entscheiden, wem die Freiheit vom Kerker und vom Tod zu schenken sei. Es habe die Wahl zwischen ihm, Barabbas, und dem angeblichen geheimen König der Juden: Jesus von Nazareth. Ob er bereit sei, sich dem Volksentscheid zu stellen?
Barabbas nickte. Darauf wandte der Offizier sich um, schritt zum Ausgang und wies die Wachabteilung an zu folgen. Der Lärm auf dem Vorplatz ließ hörbar nach, als sie auf die Terrasse traten. Barabbas fühlte sich erst wie betäubt: durch das Licht, dessen seine Augen seit Tagen entwöhnt waren; durch die Zahl der Menschen, die sich drunten versammelt hatten, Kopf an Kopf, einige rufend, einige aufgeregt gestikulierend, die meisten abwartend, was sich ereignen werde. Mitten auf der Terrasse war der Sitz des Statthalters aufgebaut, flankiert von zwei Legionären. Gegenüber wartete der andere Häftling, Jesus aus Nazareth,

mit dem er sich zu messen hatte in der Gunst des Volkes, nach dem Willen und dem herablassenden Gnadenakt des Römers. Es war noch einmal demütigend, nicht befreiend, was hier mit ihnen geschah.

Barabbas schaute hinüber auf die Gestalt des Nazareners, von dem er viel gehört hatte, der ihm bislang aber noch nicht zu Gesicht gekommen war. Sie hatten ihn nun also auch ergriffen, hatten ihn ausgeschaltet. So gefährlich war es geworden in diesem Land, für Gott zu streiten, mit dem blanken Schwert oder mit dem Wort, letzten Endes war's offenbar einerlei. Dabei war der Prophet aus Galiläa keineswegs ihr Mann gewesen, ganz und gar nicht, sie hatten ihn im Grunde nicht ernstgenommen mit seiner Predigt der Liebe, seltsamerweise sogar der unbedingten Feindesliebe, als ob davon irgendeiner der römischen Herren im Lande beeindruckt sein könnte. Gewiß, sie hatten ihn gewähren lassen, aber Hoffnungen hatten sie nicht auf ihn gesetzt, da gingen sie lieber die eigenen Wege, wahrhaftig auch ihrerseits im Gehorsam gegen Gott und aus Liebe zum Volk, aber in nüchterner Wahrnehmung der tatsächlichen Machtverhältnisse und in der festen Überzeugung, daß Macht nur mit Macht, Waffengewalt nur mit Waffengewalt beseitigt werden könne.

Weiß Gott, er hatte seine Erfahrungen gemacht, eigene böse Erfahrungen, die ihm die Augen geöffnet und ihn in die Arme der Zeloten getrieben hatten. Sein Vater war Pächter gewesen auf einem Gut nördlich von Jerusalem, das einem reichen Pharisäer gehörte. Und als zwei Jahre hintereinander durch anhaltende Dürre die Ernte ausgefallen war und die römischen Steuerbeamten kamen, ihre Summen einzutreiben, und die Beauftragten des Tempels kamen, die fälligen religiösen Abgaben einzufordern, und der Vater nichts hatte, was er hätte hergeben können; und als dann noch ein Verwalter des Großgrundbesitzers in Begleitung eines Bevollmächtigten des Gerichts erschien und versäumte Pachtzinsen vorrechnete und unmißverständlich durchblicken ließ, daß nun eine Eigentumspfändung drohe und bei unzureichendem Gesamterlös der Weg in die Sklaverei — da hatte der Vater sie um sich versammelt, die Mutter und die Kinder, und ehe er sich selber den Tod gab, weil er lieber in Freiheit sterben als in der Knechtschaft leben wollte, hatte er ihnen die Zusammenhänge erklärt, die das Unrecht hervorbrachten und in Gang hielten, und hatte mit ihnen Gott angerufen, daß er seinem Volk endlich Recht schaffe und die lange ersehnte Freiheit.

Damals hatte er angefangen zu begreifen, warum die Spitzen der jüdischen Gesellschaft, der Priesteradel in Jerusalem und die Grundbesitzer, die ihre Pächter und Verwalter hatten auf ihren Gütern, mit den Römern so sehr das Einvernehmen suchten. Die Wahrheit früherer Tage, daß das Land allein Gott gehörte und niemandem sonst, schien nicht mehr zu gelten. Schon Herodes war gewissenlos genug gewesen, ausgedehnten Grundbesitz an sich zu reißen, hatte auch spekuliert damit, hatte sich Freunde und Gefolgsleute gekauft damit und andre, die ihm entgegenstanden, in die Enge getrieben und erpreßt. Später, als die Römer ihre Hand auf Judäa legten, traten sie auch in Angelegenheiten des Grundbesitzes das böse Erbe des Herodes an. Offiziell fielen die Güter sämtlich an den römischen Kaiser, und dessen Beamte wußten zu schachern und zu spekulieren damit, nicht schlechter, als Herodes es auch getan, und eine kleine Gruppe politischer Günstlinge und kaufkräftiger Großgrundbesitzer kam so in den Genuß beträchtlicher Landgewinne. Das Bündnis zwischen fremden politischen Herren und eigenen wirtschaftlichen Nutznießern war geschlossen: ein Pakt des Unrechts gegen Gott und das Volk. Die Pächter, die auf den Ländereien eingesetzt wurden, trugen die volle Last der Gewinnabgaben und Steuern, dazu das Risiko der Mißernten. Zahllose von ihnen verarmten, verloren ihre Freiheit, kamen ins Elend und gingen jämmerlich zugrunde. Den kleinen Bauern mit verbrieftem Erbrecht auf ihrem Grund und Boden ging es nicht besser. Sie waren frei, wurden jedoch von der römischen Steuerverpflichtung derart bedrängt, daß häufig eine rasch zunehmende Verschuldung und Verarmung unumgänglich war.

Aus diesen Kreisen der mittellosen und enttäuschten Bevölkerung bezogen die Zeloten die Mehrzahl ihrer Mitglieder. Sie waren voll Haß gegen die, die ihnen alles genommen hatten, oft nicht bloß Güter und Eigentum, sondern auch Menschen, Väter, Mütter und Kinder. Sie waren Bauern gewesen, rechtschaffene, fromme Bauern. Keine Räuber, die ein gesteigertes Vergnügen empfunden hätten an der Gewalttätigkeit. Es hatte lange gebraucht, bis sie zu den Zeloten gestoßen waren, bei jedem einzelnen hatte es lange gebraucht, auch bei Barabbas. Sie hatten Wege des Rechts beschritten, hatten sich geduldig Last über Last auf die Schulter legen lassen, hatten noch mehr gearbeitet und noch mehr verzichtet und am Ende, als sie nichts mehr in Händen hielten, sich auch noch in den Staub geworfen und aufs Bitten verlegt vor ihren Peinigern. Dann waren ihre Wege erschöpft. Es blieb der eine Weg, Unrecht mit Unrecht zu vergelten, Böses auf Böses zu häufen. Das bedeutete: Kampf, Blutvergießen, Tod. Die Opfer hatten sich erhoben, um Rächer zu sein.

Barabbas merkte erst, wie tief er in düsteren Erinnerungen und Überlegungen versunken war, als der Prokurator die Bühne betrat und sich zu seinem Sitz geleiten ließ. Das Volk war verstummt. Männer der Wache führten die beiden Gefangenen nach vorn, so daß Jesus auf der rechten, Barabbas auf der linken Seite des Pilatus Aufstellung nahm. Es war dem Zeloten unzweifelhaft, daß der galiläische Prophet freigelassen würde. Jesus hatte zuletzt viele Freunde gewonnen im Volk, wie ihm berichtet worden war. Er hatte Hoffnungen geweckt, daß Gott sein Reich der Freiheit aufrichten werde auch ohne Schwerter und Lanzen und ohne todesmutige Männer, die sich dem heiligen Krieg verschworen hatten. In der Botschaft des Nazareners kamen sie, die Zeloten, und ihresgleichen nicht vor. Sie wurden nicht gebraucht. Man konnte sie vergessen, sich ihrer entledigen. Der Mann aus Nazareth war darum wohl weniger gefährlich, weniger eine unbequeme Herausforderung als sie. Man würde ihn freiwählen, den Galiläer, kein Zweifel . . .
Pilatus hatte inzwischen dem Volk seine Frage vorgelegt, ob die Passah-Amnestie dem Jesus von Nazareth gewährt und ihm die Freiheit geschenkt werden sollte. Einen Augenblick herrschte lähmendes, beklemmendes Schweigen, dann brach es hervor, wie ein Schrei aus zahllosen Kehlen: Nicht diesen, sondern Barabbas!
Der Prokurator, sichtlich überrascht, ergriff noch einmal das Wort und fragte, was nach dieser Entscheidung, die für Barabbas gefallen sei, mit Jesus aus Nazareth geschehen sollte. Worauf die Menge, wiederum nach einem Augenblick der Stille, in der die Kraft zur Antwort sich aufzuladen schien, laut und zornig verlangte, man solle ihn ans Kreuz schlagen. Dann war nichts mehr

zu verstehen und nichts mehr zu erwirken. Drunten auf dem Vorplatz geriet alles durcheinander. Menschen schrien, reckten Arme, ballten Fäuste, einige rauften sich, stürzten, kamen nur mit Mühe wieder auf die Beine, Soldaten mischten sich unter das aufgebrachte Volk, suchten zu beschwichtigen, drohten, schlugen, drängten mit ihren Schilden die Menge langsam ab. Pilatus hatte die Terrasse bereits verlassen, nachdem er angeordnet hatte, Barabbas sei einstweilen, über die Festtage zumindest, in Sicherheitsgewahrsam zu behalten. Die Szene, die sich vorhin abgespielt habe, beweise zur Genüge, daß es unklug sei, die Freisetzung des Zeloten ausgerechnet in dieser Zeit der aufgebrachten Gemüter zuzulassen.

So standen sie sich noch einmal gegenüber, von unschlüssigen, durch die Vorgänge auf dem Platz des Prätoriums verunsicherten Wachen beaufsichtigt: Jesus von Nazareth und Barabbas. Keiner senkte den Blick vor dem andern, ein Mann des Todes und ein Mann der Freiheit.

Aber wer von ihnen war der Mann des Todes?

Wer war der Mann der Freiheit?

Barabbas empfand, daß es ihn eigentümlich berührte, so unverhofft frei zu sein. Auf Kosten dieses Menschen, der ihm gegenüberstand, frei zu sein. Dessen Tod war nun der Grund für sein Leben. Der mußte sterben, mußte buchstäblich seinen, des Barabbas, Tod sterben, den Tod des Widerstandskämpfers, den Tod am Kreuz, damit er, Barabbas, leben konnte. Dem wurde das Leben genommen, der nichts als Liebe gewollt hatte; ihm wurde das Leben geschenkt, obwohl er von Haß erfüllt und von wütendem Eifer gesteuert war. Ein seltsamer Wechsel.

Und was sollte er, der Zelot Barabbas, nun anfangen mit seinem geschenkten Leben?

Im Grunde stand für ihn außer Frage, daß er wieder zurückkehren würde zu den Höhlen am Ostrand des judäischen Gebirges, wo es zum Meer hinunter abfällt und wo die Freunde ihre Schlupfwinkel hatten. Wo sonst als unter ihnen könnte seine Heimat sein? Er würde begrüßt und bestaunt und gefeiert werden wie einer, der von den Toten auferstanden ist. Er würde noch größeres Vertrauen gewinnen als zuvor und seine Führungsrolle festigen. Dann würde man ihn unterrichten, welche Maßnahmen inzwischen getroffen worden waren, welche Schritte man plane; und er würde zustimmen oder ablehnen. Er würde Befehle erteilen und an der Spitze seiner Genossen bald wieder vorwärts stürmen gegen den Feind. Das alles war selbstverständlich und längst entschieden. Aber die Sicherheit, mit der er vor seiner Gefangenschaft zur Sache der Zeloten gestanden hatte, schien ihm auf einmal merkwürdig angegriffen. Diese Sicherheit, recht zu tun, und zwar im Namen des lebendigen Gottes und auch im Interesse seines armen Volkes Israel recht zu tun, wenn er den bewaffneten, blutigen Kampf suchte und nichts als diesen Kampf. Sein Leben war ihm jetzt neu geschenkt worden. Er durfte es noch einmal empfangen, weil der Prophet der Liebe seinen Tod starb, den Tod des Rebellen.

Sollte er, vollkommen unberührt von diesem Ereignis, das wiedergeschenkte Leben erneut einsetzen gegen die Liebe und für den Haß?

War denn nicht sein Haß der Tod des Nazareners?

Und war nicht die Liebe dieses Nazareners sein Leben?

Als er darüber nachdachte, erinnerte er sich daran, wie einer seiner Kampfgefährten, Simon, zu diesem Mann aus Nazareth gekommen und in seinen engsten Schülerkreis eingetreten war. Der Beiname Simon der Eiferer, der Zelot, war an ihm haften geblieben, und es hatte den Anschein gehabt, daß er sich seiner Herkunft aus der Widerstandsbewegung auch keineswegs geschämt habe. Und Jesus hatte ihn in seiner Nachfolge gelten lassen. Ihnen freilich, den Leuten aus dem Widerstand, war es damals einigermaßen unerfindlich gewesen, wie jemand, der viel von Unrecht und Elend und Versklavung begriffen und dagegen unerschrocken aufbegehrt hat, dazu kommen kann, eines Tages seine Waffen niederzulegen und einem wandernden Propheten nachzulaufen, der nicht bloß Liebe zu Gott und Liebe zum Bruder, sondern Liebe zu den Feinden predigt. Auch jetzt fühlte er sich weit davon entfernt, diesen Gesinnungswandel, der sich bei Simon vollzogen hatte, ohne weiteres einleuchtend zu finden. Er war Zelot, und er würde es bleiben. Aber dies änderte nichts daran, daß er nachdenklich geworden war und den Gottesdienst, den sie zu vollbringen meinten in ihrem Eifer für Gott und für Israel, zu vergleichen begann mit dem Gottesdienst, den der Nazarener auf sich nahm.

Es dauerte eine Weile, bis ihm zu Bewußtsein gekommen war, daß er die Terrasse bereits verlassen hatte und in der Mitte seiner Wachmannschaft über den Innenhof des Prätoriums geführt wurde. Obwohl vom Volk freigewählt, vom Statthalter freigesprochen, mußte er noch einmal in den Kerker, wenn auch auf befristete Zeit. Man hieß es: Sicherheitsgewahrsam. Aber es ging dabei nur um ihre eigene Sicherheit, nicht um seine.

So waren sie eben, die Feinde des Volks: bösartig und verlogen noch dort, wo sie sich gnädig gaben.

Barabbas fühlte den Zorn wieder aufsteigen, den er vorhin — merkwürdig! — beinahe vergessen hatte. Wie hatte der Galiläer gepredigt? Liebt eure Feinde. Tut Gutes denen, die euch hassen. Bittet für die, die euch verfolgen.

Einer aus ihrem Kreis, Simon der Zelot, hatte das gehört, und es hatte ihn überzeugt und verwandelt. Immerhin einen.

Aber es war unglaublich schwer zu verstehn.

# Der Hauptmann

*Wenn es nur so einfach wäre! — daß irgendwo schwarze Menschen mit böser Absicht schwarze Werke vollbringen und es nur darauf ankäme, sie unter den übrigen zu erkennen und zu vernichten. Aber der Strich, der das Gute vom Bösen trennt, durchkreuzt das Herz eines jeden Menschen. Und wer mag von seinem Herzen ein Stück vernichten? Während der Lebensdauer eines Herzens bleibt dieser Strich nicht unbeweglich, bedrängt einmal vom frohlockenden Bösen, gibt er dann wieder dem aufkeimenden Guten freien Raum. Ein neues Lebensalter, eine neue Lebenslage — und ein und derselbe Mensch wird ein sehr anderer. Einmal dem Teufel näher und dann auch wieder einem Heiligen.* ALEXANDER SOLSCHENIZYN

»Dieser Mensch war in Wahrheit Gottes Sohn.«
Der Hauptmann lauschte dem Klang der Worte nach, die er eben gesprochen hatte.
Die rechte Hand hielt er in die Hüfte gestemmt, der linke Arm barg den Helm, den er vom Kopf abgesetzt hatte, irgendwann im Verlauf der letzten Stunden. Sein Kraushaar war an den Schläfen ergraut und über der Stirn spärlich geworden, und er fragte sich, ob es vom zunehmenden Alter herrühre, daß er sich eigenartig matt und zerschlagen fühlte wie nach einem Gefecht.
Dabei war im Grunde nichts vorgefallen. Er hatte die Aufsicht geführt über die wachhabenden Soldaten, das bedeutete keine ernsthafte Anstrengung. Die Exekution selbst, mit deren Kommando er betraut worden war, verlief rasch und reibungslos und

ohne Zwischenfälle. Man konnte zufrieden sein. Die Sorge, es müsse bei dieser Hinrichtung mit der einen oder anderen Überraschung gerechnet werden, hatte sich inzwischen erübrigt. Es war alles ruhig geblieben. Keine Demonstration. Kein waghalsiger Überfall, der die Vollstreckung des Urteils im letzten Augenblick zu unterbinden versucht hätte. Kein schreckliches Wunder als Einspruch der himmlischen Mächte. Statt dessen Szenen unter den aufgerichteten Kreuzen, die den Hauptmann angewidert hatten, so sehr er sich auch einzureden versuchte, daß er unbeteiligt sei. Kleine, häßliche Triumphe der Niedertracht hatten sich abgespielt unter den Kreuzen, mit gallenbitteren Worten, mit obszönen Gesten. Seltsame Lust der Menschen, noch einmal zu treten, was schon gestrauchelt ist.

Der Centurio war immer noch im Zweifel, ob das tatsächlich seine eigenen Worte gewesen waren, die er vorhin geredet hatte. Sie hatten so tonlos und fremd geklungen, als sei es nicht seine Person gewesen, die sie geformt und gedacht, sondern bloß sein Leib gewesen, der sie vermittelt hatte: »Dieser Mensch war in Wahrheit Gottes Sohn.«
Dieser Mensch! Er hatte ihn nicht gekannt, geschweige denn bewundert und verehrt. Es entsprach im übrigen durchaus nicht seiner Natur, irgendeinem Menschen mehr als den schuldigen Respekt zukommen zu lassen; vermutlich, weil er zu oft enttäuscht worden war, auch enttäuscht in seinen politischen Träumen, denen er in jüngeren Jahren nachgehangen hatte. Damals, als Octavian, vom Glück begünstigt, von der Phantasie der Massen emporgehoben, zum Herrscher des Friedens in allen Teilen der Ökumene berufen schien; als religiöse Begeisterung in Kleinasien ihm und der Göttin Roma Tempel auf Tempel errichtete; als die Dichter mit Huldigungen an seine erhabene, gottgleiche Person nicht sparten und der Kaiser selbst, die Verehrungen aufsaugend wie ein Schwamm, den weihevollen Titel »Augustus«, der Anbetungswerte, sich beilegte — damals hatte auch der Hauptmann etwas Tieferes als Respekt, nämlich Bewunderung empfunden. Und es hatte ihn mit Stolz erfüllt, in kaiserlichen Legionen, die Standarte als Symbol Seiner Gegenwart voran, dem erwählten Sohn der Götter zu folgen in alle Provinzen des Reichs. Waffendienst als Gottesdienst.

Der Hauptmann lächelte, als er sich daran erinnerte. Die Bilder, die von innen, aus seinem Herzen gekommen waren, schöne, begeisternde Bilder: sie waren zerbrochen, besudelt und hinweggefegt worden. Die andern Bilder, die von außen kommen, die das Auge wahrnimmt, ob es mag oder nicht, diese sogenannte Wirklichkeit: sie hatte sich durchgesetzt und das Feld behauptet gegen alle Poesie. Diese Märsche, endlose, sinnlose Märsche durch fremdes Land. Im Schnee des Nordens und in der Wüstenglut Afrikas. Und immer neue Etappen, neue Stationen, neue Lager; und keine Heimat. Und Beutezüge, die Blut und Schrecken zurückließen und den von der Angst nur mühsam gedämmten Haß in den Augen der Gequälten, die man Freunde des Reichs, Freunde des Augustus hieß. Und Waffengänge, immer wieder kleine, manchmal schwere, verlustreiche Waffengänge: der eine in Bosnien, da war er dabei in einer Legion, die Tiberius befehligt hatte, der spätere Kaiser, auch angeblich ein Friedefürst aus Gnaden der Götter. In Bosnien, wo die Pannonier unter Bato, ihrem Anführer, einen Aufstand probiert hatten, mit verzweifeltem Mut und ohne Aussicht auf Erfolg gegen die Streitmacht der Römer, deren fünfzehn Legionen mit Hilfstruppen, dazu das Feldherrngeschick eines Tiberius.

Aber das war lange her, über zwanzig Jahre. Er, der Hauptmann, hatte überlebt damals. Und doch schien etwas gestorben in ihm. Die Jugend, hatte er zuerst gemeint; es ist die Jugend, die abgestorben ist in mir. Die Begeisterung ist's. Der Glaube. Ehrfurcht vielleicht vor dem, was Dichter die Geheimnisse des Lebens nennen. Vertrautheit mit dem Ewigen. Was übrig geblieben war: in den brennenden Dörfern des Balkan, in der Schlächterei am Bathinus-Fluß, im Stumpfsinn der Militärlager oder auch, wieder und immer wieder, in der ekelhaften Maschinerie von Hinrichtungen, die er teils auszuführen, teils zu befehligen hatte, entscheidend war der Unterschied ja nicht — übrig geblieben war anscheinend nichts als die Wirklichkeit. Eine unbarmherzige, hohnlachende Wirklichkeit. Sie erleben hieß: sie erleiden. Verehrung stand ihr nicht zu.

Um so merkwürdiger empfand er die Regung, die ihn vorhin veranlaßt hatte, diese Worte zu sagen: »Dieser Mensch war in Wahrheit Gottes Sohn.« Dieser Mensch, der nun leblos dahing am Kreuz. Nach seinem letzten Schrei, der nach Verzweiflung und auch nach Ergebenheit geklungen hatte in einer merkwürdigen Mischung. Der Hauptmann hatte ihn in der vergangenen Nacht das erste Mal zu Gesicht bekommen, als das Verhör vor Pilatus stattfinden sollte und er, als Befehlshaber der Kohorte, die in der Burg Antonia stationiert war, angewiesen wurde, den Delinquenten aus dem Gewahrsam der jüdischen Tempelpolizei in die Untersuchungshaft der römischen Militärjustiz zu übernehmen. Er hatte keinerlei Interesse an der Person des Angeklagten gehabt, wie ihn in der Regel überhaupt die Lebensweise und die internen Streitigkeiten in der jüdischen Bevölkerung gleichgültig ließen. Ihm war zu Ohren gekommen, daß man ihn Rabbi nannte. Und daß ihm Hochverrat oder ein ähnliches Vergehen, auf dem schwerste Strafe stand, zum Vorwurf gemacht wurde. Sein Gesicht war ihm aufgefallen, seine Augen: es gab keinen Zorn darin, keinen Haß, nur Traurigkeit.

Und dann war das Verhör vor Pilatus gewesen, und dann die Belustigung der Soldaten. Seiner Soldaten. Er hatte aus einiger Entfernung zugesehen, wie die Männer seiner Kohorte mit dem seltsamen Rabbi umgesprungen waren, ohne persönlich einzuschreiten. Sollten sie doch ihr Vergnügen haben! Und er hatte zugeschaut, wie sie dem wehrlosen Mann das Gewand vom Körper rissen und anfingen, unter johlendem Gelächter und mit fröhlichem Applaus den verurteilten Rabbi neu zu kostümieren. Man spielte Komödie und erkor einen Fürsten. Mit Purpur umhängt, der nur Königen zusteht. Mit einer Krone aus Dornen, gewaltsam und tief in die Stirn gedrückt. Und mit kniefälligen Verbeugungen. Gespieltes Ungeschick ließ Tritte zu, die Schmerzen bereiten sollten, und Schläge und Striemen und Bespeiungen statt der Küsse aus Gehorsam und Devotion. Der Hauptmann hatte dem Treiben mit wachsendem Befremden zugesehen, immer weniger amüsiert von den Einfällen seiner Soldaten, denn er hatte wieder diese Augen gesehen — und in den Augen diese gleichbleibende, tiefe Traurigkeit. Nicht Empörung, auch kein Haß; nur Traurigkeit. Und er hatte sich abgewendet und war davongegangen.

Der Centurio hob seinen Kopf und blickte hinauf zu den Wolken, die dunkel und träge über den Hügel hinwegzogen. Es würde Regen geben. Das dürfte angenehm sein nach der Schwüle des Tages, die nun bald vorüber war. Es gab Gelegenheit, aufzuatmen.

Drei Kreuze, dachte der Hauptmann. Drei Schicksale. Varus, einstmals Gouverneur in Syrien, später von den Germanen niedergemacht mit seinem Heer, war erheblich drastischer vorgegangen vor über dreißig Jahren. Der hatte unter den Aufständischen, die ebenfalls in der Hauptsache aus Galiläa stammten wie der gekreuzigte Nazarener, erbarmungslos gewütet und viele Gefangene gemacht; schuldig oder unschuldig, es fragte niemand danach. Und achttausend Juden wurden bei der militärischen Säuberungsaktion des Varus bei lebendigem Leib ans Kreuz geschlagen: Ein Längsbalken ins Erdreich gerammt; der Verurteilte mit ausgebreiteten Armen am kürzeren Querbalken angenagelt oder angebunden; der Querbalken mit dem hängenden Körper des Opfers am Kreuzesbalken hochgezogen und zwei bis drei Meter über dem Boden festgemacht; zuletzt die Füße des Gehenkten am Längsbalken angenagelt. Achttausendmal. Immer dieselbe grausame Zeremonie. Und achttausendmal abgewartet, bis die Qual in Erschöpfung und die Erschöpfung in Tod überging.

Der Hauptmann fuhr sich mit dem Handrücken über die Lippen, als könne auf diese Weise ein Ekel vertrieben werden, der ihn befallen hatte. Die Wirklichkeit, die er da vor Augen gestellt bekam mit ihren furchtbaren Bildern, auch heute wieder: er hatte es wohl immer noch nicht gelernt, sie anzunehmen. Er widersetzte sich ihr. Er verneinte sie. Er bestritt ihr das Recht auf Wahrheit. Im Grunde hatte er nie damit aufgehört: in Bosnien nicht und in Numidien nicht und nicht im Chaos der Schlachten und nicht in den lebenshungrigen Festen danach.
Diese Wirklichkeit war nicht die Wahrheit.
Sie durfte es nicht sein.
Kein Wunder, daß er nach Auswegen gesucht hatte aus diesem Labyrinth des Lebens. Er hatte sich Zugang verschafft zum geheimbündlerischen Kultverein der Kybele, das war in der Zeit, bevor er in diese Gegend, zuerst nach Cäsarea, dann nach Jerusalem abkommandiert war, nämlich in Unterägypten. Es gab eine Reihe römischer Offiziere, die dort Mysten der Kybele waren.

Militärs höherer und niederer Ränge. Er selbst war eher beiläufig dazugestoßen, veranlaßt durch seinen Leibburschen, einen phrygischen Sklaven, der ihn bei irgendeiner Gelegenheit über die Kultfeiern in Kenntnis gesetzt hatte: Kybele anerkannte keine Klassen und Rangordnungen, kein Ansehen der Person.

Der Hauptmann hatte sich von seinem Sklaven die Kultlegende erzählen lassen, die ihm sehr exotisch und wenig glaubwürdig vorgekommen war: die Geschichte von der Göttin Kybele, die eines Tages, in den Wäldern umherschweifend, auf Attis trifft und überwältigt ist von seiner jugendlichen Schönheit; wie sie ihm nachstellt, ihm ihre Liebe offenbart und ihn für sich gewinnen und behalten will; wie der Jüngling Attis dann doch, der lieblichen Nymphe Sagaritis ansichtig geworden, alles vergißt, in Liebe zu dieser Nymphe entbrennt und das heilige Versprechen, zuvor der Kybele gegeben, gedankenlos bricht; wie die Göttin zornig davon erfährt, auf Rache sinnt und die Nymphe tötet; wie Attis, dadurch in wahnsinnige Verzweiflung gestürzt, sich selbst entmannt als Sühne für seine Schuld und sterbend sich verwandelt in einen Pinienbaum; und wie er schließlich dann doch, aus dieser tödlichen Larve zum Leben befreit, zur Siegesfahrt antritt mit Kybele, auf einem rasenden Wagen, vor den vier Löwen gespannt sind.

Es war nicht der Eindruck dieser Kultlegende, die den Hauptmann bewogen hatte, die Erlaubnis zum Besuch einer heiligen Versammlung der Kybele einzuholen. Eher schon war es Neugier gewesen. Und der Reiz des Geheimnisvollen, das man mit allen Sinnen erlebt und doch nicht durchschaut. Und dann war er dabei gewesen, erst einmal, dann immer wieder, berauscht und verzaubert vom Drama der Kybele. Hatte im Kreis der Frommen gesessen, die durch Musik und Trankopfer gemeinschaftlich in ekstatische Erregungszustände gerieten; hatte gespürt, wie die Schwerkraft schwindet, die einen sonst am Boden der Tatsachen hält; wie der nüchterne Sinn verwandelt wird in unbeschreibliche Seligkeit; hatte miterlebt, wie auf dem Hochpunkt des Festes und der seelischen Verwandlung das Mysterienopfer sich abspielt: wie der Priester, mit weißen Gewändern angetan, hinabsteigt in eine ausgehobene Gruft; wie Bretter darübergelegt werden und Zweige, und dann ein gebundener Stier unter Gesängen und Tänzen und beschwörenden Formeln über der Grube und dem Priester geschlachtet wird, daß das warme Blut hinunterrinnt, je mehr, um so besser; und wie dann der Priester wieder hervorgeholt wird, über und über gefärbt vom Blut des geopferten Tieres: Symbol für die Wiedergeburt aus dem Tode, fürs Neuwerden aus dem Grabe.

Ein Gefühl, merkwürdig gemischt aus Grauen und Faszination, pflegte ihn zu überkommen dabei, und es war wie ein unwiderstehlicher innerer Zwang, dieses Gefühl wieder und wieder zu erfahren.

Es hatte zu regnen angefangen, und der Centurio hielt sein Gesicht den Wolken entgegen und genoß die Tropfen, die ihm über Stirn und Wangen perlten. So war es gut. Kybele gehörte längst der Vergangenheit an, er war aus diesem Traum erwacht, von diesem Rausch ernüchtert. Äußerer Anlaß war die Verlegung seiner Truppe nach Cäsarea gewesen, der räumliche Abstand zu den Kultstätten der Kybele hatte allmählich auch einen inneren Abstand zu deren Feiern nach sich gezogen. Den Hauptmann schauderte jetzt vor diesem Bündnis aus Mysterium und Barbarei, dem er damals begegnet und wehrlos erlegen war. Die Wirklichkeit hatte ihm nicht genügt; diese Wirklichkeit aus Geborenwerden und Sterben; aus Gewalttätigkeit und Langeweile; aus sinnlosem Abdienen der Zeit; aus Lebensenge, die von keinem Horizont mehr weiß und keiner Verheißung.

Die alten Götter Roms waren tot.

Die neuen Götter des Reichs waren verlogene und lächerliche Attrappen, Mißgeburten aus einer machtbesessenen Phantasie, nichts sonst.

Aber die Sehnsucht nach dem Mysterium war geblieben. Nach neuem Glanz über der Mattigkeit des Lebens. Nach Glut in der Asche.

Und so war er wohl, aus Ungenügen an der Wirklichkeit und aus Sehnsucht nach Sinn und nach Wahrheit, dem Kult der Kybele verfallen. Noch einmal verfallen — und wieder nicht befreit.

»Dieser Mensch war in Wahrheit Gottes Sohn.« — Der Regen war heftiger geworden und hatte sich wie ein Schleier zwischen seine Augen und die Gestalt am Kreuz gelegt. Der Hauptmann dachte nach, was ihn bei diesem Menschen so eigentümlich berührt und bewegt hatte. Er war sich nicht schlüssig. Die Dornenkrone trug der Gehenkte immer noch über der Stirn, dieses komödiantische Gebinde, das so gar nicht in die grausame Szenerie hineingehörte. Der Hauptmann erinnerte sich wieder an das Spiel der Soldaten, drunten in der Halle des Pilatus, und an die Augen des Verurteilten. Immer wieder diese Augen! Er hatte ja kaum ein Wort gesprochen, beim Verhör nicht, erst recht bei der Verspottung nicht und nicht auf dem Kreuzweg und nicht hier oben auf dem Exekutionsplatz. Vielleicht war es dies, was den Hauptmann zunehmend betroffen gemacht hatte: dieses Schweigen und diese Augen. Während der Mund schwieg, redeten die Augen. Der Hauptmann versuchte, sich zu besinnen, was das sonst für Augen waren bei Menschen, die zur Strecke gebracht wurden. Das waren Augen, lodernd vor Haß. Starr vor Angst. Durchbohrend im Zorn. Matt aus Verzweiflung. In den Augen des Nazareners war nichts zu erkennen gewesen von alledem. Sie hatten bloß traurig geblickt: auf die Soldaten, die ihr rüpelhaftes und erbärmliches Spiel trieben mit ihm; auf die Richter, die selbstgefällig das Urteil sprachen; auf die Menge, die — aufgeputscht und wie von Sinnen — nach der Todesstrafe schrie; auf die Männer des Exekutionskommandos, die gleichmütig ihre Pflicht erfüllten; auf die Spötter unter dem Kreuz, die unersättlich schienen in ihrem Hunger nach Genugtuung. Von keinem hatte er sich abgewendet, alle hatte er angeschaut, mit diesen Augen voll Traurigkeit. In der Tat: diese Augen redeten, und sie redeten von Menschlichkeit und von Frieden und von Vergebung. Ich habe an keiner Stelle sonst und niemals zuvor dergleichen wahrgenommen, dachte der Hauptmann. Wenn es das überhaupt gibt: Frieden auf der Erde, dann hier. Wenn es das gibt: Vergebung und Menschlichkeit, dann hier. Immer habe ich mich im Grunde gesehnt danach. Heute bekam ich etwas zu spüren davon. Denn ich habe seine Augen gesehen.

Als der Soldat kam, das Schaft-Ende seiner Lanze in der Hand, die Spitze in die Höhe haltend, und fragte, ob es nun Zeit sei, den Tod des Gekreuzigten festzustellen, wandte der Hauptmann sich um, ging ein paar Schritte zum Abhang des Hügels und schaute hinüber auf die Stadt und den Tempel. Es war beinahe schon Nacht.

# Judas Ischarioth

*Wer kann eigentlich, wenn er auch nur ein biß-*
*chen Menschenkenntnis hat, daran zweifeln,*
*daß Judas ein Bewunderer Christi gewesen ist?*

SÖREN KIERKEGAARD

Judas raffte den Umhang fester über der Brust zusammen. Es war nicht wegen der Kühle. Von Westen wehte ein schwacher Wind über die Stadt hin, mit dem Geschmack des Meeres, aber die Nacht war lau. Über den Häusern, die wie gekälkte Würfel aneinandergerückt und übereinandergetürmt erschienen, stand der nächtliche Himmel, sternklar. Es war dämmrig, nicht dunkel. Judas war durch die winkligen Gassen der Herodesstadt hinauf auf die Höhe gestiegen, wo man Aussicht hat, auch um diese Zeit, auf die Tempelanlage, dieses weitläufige Gelände mit seinen Bauten, Plätzen und Terrassen, auf den Herodespalast daneben mit seinen Wehrtürmen und auf das Kastell Antonia, Amtssitz der römischen Militärbehörde und des Gouverneurs, zumindest bei den Anlässen, die ihn in Jerusalem weilen ließen und nicht in seinem Hauptquartier Cäsarea. Jenseits des Tempelplatzes ging es hinab ins Kidrontal und dann wieder hinauf auf die gegenüberliegende Anhöhe, die mit Oliven- und Feigenbäumen bewachsen war: der Ölberg. An dieser Stelle befand sich auch der Garten Gethsemane, eine Oase des Friedens und der Abgeschiedenheit einer belebten Stadt gegenüber, und hier, dachte Judas, sollte die Entscheidung fallen.

Er hatte den Weg herauf auf die Höhe gewählt, um Abstand zu gewinnen, seine Gedanken zu ordnen und die Kräfte, die ihn innerlich zu zerreißen drohten, in einen erträglichen Ausgleich zu bringen. Drunten in der Herodesstadt war es stickig gewesen. Ihm fehlte die Luft zum Atmen. Die Straßen wirkten aufdringlich eng, die Fassaden standen getüncht und glatt und abweisend, und die niedrige Kammer, in die Er sich mit seinen Schülern eingemietet hatte fürs Passah-Mahl, war ihm nicht behaglich, sondern bedrückend vorgekommen. Die rechte Kulisse für den Ablauf eines Mahles, an das er sich schaudernd erinnerte. Hier oben gab es ein wenig Erleichterung, Judas empfand es deutlich. Er schaute nach Süden, ins judäische Gebirge, seine Heimat. Aus Karioth gebürtig, war er Judäer von Haus aus, der einzige im Gefolge Jesu, der nicht aus der Provinz Galiläa kam. Vielleicht war es diesem Umstand zuzuschreiben, daß er auch im Bund der Schüler, seinem eigenen Eindruck nach, die Merkmale eines Außenseiters nie ganz losgeworden war. Er wurde aufgenommen, eingeweiht, auch mit Aufgaben und Ämtern betraut, so mit der Verwaltung des gemeinsamen kärglichen Vermögens; aber er war doch bei alledem mit einem Rest von Zurückhaltung behandelt worden, wie man einen geschätzten, aber nicht fraglos vertrauenswürdigen Menschen ansieht.

Vom südlichen Gebirge her war er früher häufig nach Jerusalem gewandert, in der Jugend regelmäßig mit den Eltern zu den großen Jahresfesten: Jom Kippur, der Versöhnungstag, an dem der Hohepriester das Sühneamt für die Sünden des ganzen Volks erfüllte; Passah, das Fest der Erinnerung an die erste Freiheit, Jahrestag des Auszugs aus ägyptischer Sklaverei; und Sukkoth, das Herbstfest der Laubhütten, zum Dank für den Ernteertrag und zur Erinnerung an die Wüstenwanderung Israels und Gottes bewahrenden Beistand. Er hatte die Stadt geliebt, hatte sich berauschen lassen von den zahllosen Menschen in ihren farbigen Gewändern und mit den fremdartigen, ihm oft ganz unverständlichen Lauten und Sprachen; konnte kein Ende finden, den Händlern zuzuschauen, die an Lehmmauern der Gassen, auf dem Pflaster der Plätze hockten, ihre Waren vor sich ausgebreitet, Früchte und Stoffe und gebackene Brotfladen und Geröstetes, auch Schmuck und glitzerndes Zeug und Tauben fürs Opfer im Tempel . . .

Im Augenblick freilich war ihm die Stille hier oben angenehm. Er sehnte sich nicht nach Menschen, eher fort von Menschen, war sich selbst zu viel. Er mußte sich zwingen, auf seinem Aussichtsplatz zu verharren, nicht gleich wieder davonzueilen, umherzuirren, mit dem unheimlichen Bedürfnis, seine Spuren zu verwischen, sich zu verbergen, vor andern und auch vor sich selber.

Kein Mensch war ihm begegnet, als er die Höhe der Stadt erstiegen hatte. Man hatte sich zurückgezogen in den Kreis der Familien und Gäste. Wie alljährlich waren Pilger zu Tausenden in die Stadt geströmt, Leute aus den benachbarten Provinzen, manche auch von weiter her, aus dem ägyptischen Alexandria oder aus Ortschaften Kleinasiens, in denen es Synagogen gab. Die Pilger waren in den Häusern untergekommen, Gastrecht genoß jeder in diesen Festtagen, das war heiliges Recht, und nun lagerten sie dort überall um die Tische, die mit Mazzen und Bitterkräutern und Weinkrügen und Bechern gedeckt waren, und einer, der Hausvater oder ein würdiger Pilger, erzählte die Haggada von Gottes wunderbarer Befreiung aus Ägyptenland. Wie viele Male diese Geschichte erinnert wird bei diesem Fest, dachte Judas; in wie vielen Häusern, an wie vielen Tischen! Und unzählige Menschen hören zu. Hören von Mose, dem Knecht Gottes, der keine Macht hatte und keine Würde; der nach jähzornigem Totschlag eines ägyptischen Sklavenaufsehers geflüchtet war, untergetaucht bei Wüstennomaden, abgeschrieben und vergessen von seinem Volk; und der doch von Gott berufen wird; der den Auftrag erhält, Befreiung zu schaffen für Israel, und der das Wagnis beginnt. Sie hören von den Vorbereitungen des Auszugs, von der Weigerung Pharaos, geschehen zu lassen, was er doch nicht verhindern kann; von der Macht Gottes, sein Werk der Befreiung durchzusetzen gegen allen Widerstand der Feinde und auch gegen die Verzagtheiten im Volk. Alle hören davon in dieser Nacht, alle horchen bewegt auf die Geschichte der Freiheit, die Gott angestiftet hat, in die er sich hineinbegeben, hineinverwickelt hat, aus dem Schmerz der Liebe für sein gepeinigtes und entwürdigtes Volk Israel. Das war damals, ist lange her. Aber Gottes Liebe für sein geschlagenes Volk — ist das auch lange her? Wird er nicht wieder ergriffen und überwältigt von diesem Schmerz der Liebe? Ist etwa nicht noch einmal Ägypten, die Versklavung, über das Volk gekommen? Und sollte da nicht auch noch einmal Gott erscheinen, mit starkem Arm und in großer Herrlichkeit, und endgültige Freiheit schaffen und Frieden ohne Ende?
Der Mann aus Karioth wandte sich um und schritt die Steige abwärts, zur Herodesstadt hinunter. Es war Zeit. Der Entschluß war gefaßt, die notwendigen Maßnahmen mußten getroffen werden, ein Rückzug war ausgeschlossen.

Es war nicht weit zum Palast des Hohenpriesters, der in unmittelbarer Tempelnähe residierte. Die Stadt schwieg. Judas empfand, wie das Gefühl der Erleichterung von ihm wich, je weiter er in die Stadt hinunterstieg. Der leichte Luftzug vom Meer hatte aufgehört, es wurde wieder eng, und Judas schlug den Umhang zurück. Es mußte mit dieser bedrückenden Enge in der unteren Stadt zusammenhängen, daß nun auch wieder Bilder vom Passahmahl auftauchten vor seinen Augen, peinigende Bilder, die er fortwischen, aus seinem Bewußtsein gewaltsam vertilgen wollte, und die sich doch Eingang verschafften gegen seinen Willen. Das Mahl im Kreis der Schüler, Er in der Mitte, das sie vorhin gefeiert hatten. Diese lastende Stimmung, diese Verlegenheiten. Jeder ahnte eine Bedeutung der Stunde, keiner wußte: in welcher Beziehung. Und dann die Worte des Meisters, diese unheilvolle Prophetie, daß einer aus der Runde Verrat üben werde an ihm. Die Erstarrung danach. Atemlose, krampfhaft verschwiegene Erstarrung. Keiner traut sich zu blicken. Die Augen heften sich irgendwo fest, verketten sich mit einem Gegenstand, sehen nichts. Man spürt die Nähe des Nachbarn und erschrickt davor. Man hockt auf der Stelle und rückt trotzdem auseinander. Endlich bewegt sich einer, fährt mit beiden Händen durchs Haar, schlägt sie klatschend vors Gesicht. Erstarrte Blicke lösen sich, es ist wie ein Krampf, der allmählich und schmerzhaft sich löst; dann fühlt man Augen auf sich gerichtet. Fassungslos und prüfend. Und Worte werden gestammelt, Worte, die man sich selber sagt, nicht für die andern, und keiner wartet auf Antwort. Das geht so weiter, und die aufgeladene Spannung bleibt, weil die Prophetie bleibt, die einen von ihnen betrifft und verurteilt. Am Ende hat es ihn, Judas, hinausgetrieben ins Freie, er hat sich wortlos erhoben von seinem Platz, hat den Blick gesenkt, auch Ihn nicht mehr angeschaut, und ist überstürzt aus der Tür und in die Dunkelheit verschwunden. Er war dann planlos durch die Straßen geirrt, hatte häufig die Richtung gewechselt, als gälte es, Verfolger loszuwerden, und hatte schließlich den Weg in die Oberstadt eingeschlagen, wo er einen Augenblick Ruhe fand . . .

Was nun folgte, zog wie ferne Traumbilder an Judas vorüber, obwohl er seine Rolle darin mitzuspielen hatte. Er tat es, ohne dabei zu sein. Er fühlte sich wie zertrennt, aufgespalten in Personen, die sich nicht länger vertrugen und keinen gemeinsamen Raum hatten in einem Leib. Da war der Judas, der zielstrebig seinen Weg nimmt; immer geradeaus, mit ausgeschaltetem Bewußtsein, eingefrorenem Gefühl; der besessen ist von der Aufgabe, diesen Mann, den er verehrt wie keinen zweiten, zur rechten Zeit, am rechten Ort zur Strecke zu bringen und auszuliefern. — Und da war der andere Judas, der fassungslos zusieht, der auf die Knie möchte und schreien, unentwegt schreien um Erbarmen; und der wahrnimmt, wie sich der Himmel verschließt vor seinem Gebet; der sich quält und an die Brust trommelt und an die Stirn, und keiner vernimmt's, kein Gott und kein Mensch; er will ja gar nicht sein Recht, nur Gnade will er, ein Zeichen von Gnade auch noch für ihn.

Der eine Judas war's, merkwürdig abgespalten vom andern, der schließlich stumpf und wortlos mit der Wachabteilung des Synhedriums die Stadtbefestigung verließ, zum Kidron hinab, zum Ölberg hinanstieg, in Gethsemane hölzern auf die Gruppe zuschritt, die einmal seine Freundschaft gewesen, mit geistesabwesender Direktheit auf den Rabbi zusteuerte, ihn umarmte, flüchtig, förmlich, den verabredeten Kuß auf seine Wange drückte und dann in rascher, unsinniger Flucht durch die Büsche davonhetzte, Stimmen im Rücken, Rufe, Wortfetzen noch aufschnappend, die keine Bedeutung ergaben, nur ungestüm weiter fortgetrieben, strauchelnd, stürzend, sich atemlos wieder aufrichtend und fort über die Steine im Kidrontal, bis irgendwo, völlig von Kräften, sein Körper regungslos liegenblieb.

Als er die Schmerzen an Armen und Beinen spürte, die aufgescheuert und blutig auf den Steinen lagen, war es Tag. Die Zeit war geschmolzen. Er mußte Stunden reglos verbracht haben. Der Schlaf war traumlos gewesen. Jetzt hatte er Mühe, sich zu besinnen, die Ereignisse zu ordnen, sein Befinden zu erklären. Die Sonne neigte sich schon gegen Westen, vielleicht war längst alles vorüber.

Judas gab sich selbst keinen Aufschluß darüber, weshalb er nun noch einmal nach Gethsemane zurückkehrte. Er folgte einer Anziehungskraft, von der er sich erfaßt und gesteuert fühlte. In Gethsemane hatte er auch sogleich die Stelle ausgemacht, wo Jesus gestanden und ihn erwartet hatte: schweigend, ernst, so gar

nicht lauernd, ganz ohne Vorwurf. Und in ihm, Judas, hatte gleichzeitig der Aufruhr getobt, und der mit den Häschern vereinbarte Begrüßungskuß war wie ein feiger Todesstoß gewesen, der beide erreichte, den Meister und ihn selbst.
Judas war vornüber gesunken, hatte das Gesicht in die Hände vergraben und weinte. Nach einer Weile hob er den Kopf, verharrte jedoch auf den Knien wie einer, der betet, schaute zögernd umher, als müsse er sich jede Einzelheit des Ortes sorgfältig einprägen oder die Szene aus der vergangenen Nacht sich noch einmal vor Augen führen. Der anhebende Regen kümmerte ihn nicht. Es tropfte aufs Blattwerk der Olivenbäume, lief ihm übers Haar, übers Gesicht, vermischte sich mit seinen Tränen. Er spürte es nicht, war überhaupt aus der Zeit gefallen. Seine Augen schauten durch das saftig grüne Laubdach der Feigenbäume, die Blüten des Ginsters und der Cyprusstaude mit ihren gelben Dolden hindurch auf ganz andere Bilder: auf eine bizarr verrenkte menschliche Gestalt, mit Striemen überzogen, den Kopf tief auf die Brust gesenkt, daß das Antlitz verdeckt blieb; auf die ausdruckslosen Gesichter, die aus einigem Abstand das Schauspiel verfolgten und sich insgeheim schon beglückwünschten, weil sie gewonnen hatten.
Und dann, eingeschoben, auch solche Bilder: der Meister mitten im Tempelbezirk, dort, wo im Vorhof die Händler und Pilger zusammenkommen. Und wie ihn dort ein heiliger Zorn ergreift, daß man an Jeremia denkt, den Propheten:

Seht doch, da baut ihr auf Lügen, die nichts taugen.
Da stiehlt man, nicht wahr?
Tötet man; treibt Ehebruch; schwört Meineide.
Dem Baal bringt man Opfer, läuft andern Göttern hinterdrein —
und niemand weiß von ihnen.
Und dann kommt ihr daher,
stellt euch hin vor mich in diesem Hause,
das meinen Namen trägt, und sagt:
Geborgen sind wir.
Um nebenbei alle diese Erbärmlichkeiten zu vollbringen!
Oder ist dieses Haus, das meinen Namen trägt,
zur Räuberhöhle geworden in euren Augen?

Wie Er dazwischenfährt, die Peitsche schwingend, die ihm von irgendwoher plötzlich in die Hände geraten ist. Wie das Getriebe von vorher in panische Verwirrung umschlägt, Kisten umstürzen, Tiere flüchten und Händler verstört oder schimpfend ihre Sachen zusammenraffen ...

So hatte Judas Ihn bewundert und geliebt. Mit dieser Klarheit. Mit dieser Entschiedenheit. So konnte man ihm glauben, auf ihn hoffen. Wo Er auftrat, zerflossen alle Mischungen aus Gut und Böse, aus Religion und Profit, aus Gottesfurcht und Erbärmlichkeit. Die Dinge verschoben sich nicht länger, die Tatsachen verdunkelnd, Wahrheiten trübend, es rückte alles an seinen Ort, kam alles ans Licht, ungefärbt und eindeutig. Wo Er erschien, verschwammen nicht Ja und Nein ineinander, wurde nicht mehr mit Gesinnungen gehandelt wie mit Tauschwaren auf dem Markt. Ja war Ja und Nein war Nein. Gott war Gott, und ihm die Ehre zu geben, ein unbedingtes, eindeutiges, durch nichts und niemanden aufzuweichendes Lebensgesetz. So hatte er auch die rätselhaften Worte des Meisters verstanden:

Denkt doch nicht, ich sei gekommen,
Frieden zu bringen auf die Erde.
Ich kam nicht, den Frieden zu bringen,
sondern das Schwert.
Ich kam nämlich,
einen Menschen zu trennen von seinem Vater;
eine Tochter von ihrer Mutter;
eine Schwiegertochter von ihrer Schwiegermutter ...

Kurzsichtige oder böswillige Auslegung hatte ihn deswegen in die Nähe der Rebellen gerückt, die zur Waffe greifen, um ihr Recht zu erzwingen, wo's anscheinend nicht im Frieden geht. Sie haben ihn nicht verstanden, dachte Judas. Sie haben weiter vermischt und durcheinandergerührt: das Helle und das Dunkle; Gottes Recht und ihre menschliche Rechthaberei; das Erhabene und das Befleckte; das kommende Reich und den Zustand dieser Welt. So haben sie höchstens den Rock gewechselt, wo sie sich hätten häuten müssen. Sie wollten billig davonkommen, als es darum ging, daß alles neu werde: der Himmel neu und die Erde. Der Mensch — neu! Endlich klar geworden, durchsichtig, ohne Verstellung, ohne Berechnung, der Mensch vor Gott. Aus Gottes

Kraft endlich zu dieser Klarheit gebracht, die im Anfang war, vor Einbruch des Bösen, vor diesen unheilvollen Mischungen. Wo das anhebt, darf man keine Reibungen fürchten. Auch nicht Schmerzen; Geburtswehen zur neuen Welt Gottes werden nicht nebenbei erledigt, sondern unter Schreien und Tränen.

Judas schaute immerzu auf den Rasenfleck, wo der Meister gestanden haben mußte in der vergangenen Nacht. Er hatte dieses Bild plastisch vor Augen und fürchtete, es nicht halten zu können gegen das andere Bild vom Gekreuzigten, das stärker war und auf ihn gewalttätiger wirkte. Und das sich nur für Augenblicke ausschalten und verdrängen ließ.

Und Er war doch der berufene *Mensch,* den Daniel, der Prophet, verheißen hatte! Der kommende *Mensch,* von Gott gesandt, die Zäsur der Zeiten setzend: was war, ist vorbei; was kommt, wird ewig sein. Der Erlöser, der die unheilvollen Mischungen aufhebt; der dem Vergehen überläßt, was zu vergehen verdient, und der rettet, was den Wert des Ewigen schon in sich trägt. Krieg wird da nicht mehr sein, wo er sein Regiment angetreten hat, aller Schlachtenlärm soll verstummen, die Waffen werden nutzlos, und Waffenschmiede gibt's nicht mehr. Die Leidgeprüften werden alles Leid vergessen, die Bedrängten genießen ihre Freiheit, einer findet im andern nicht seine Grenze, sondern seine Ergänzung. Die Menschenwelt wird gotterfüllt, und Gott kann mit seinen Menschen wieder reden, freundschaftlich und unmittelbar wie am Anfang der Zeit ...

Vom nächsten Feigenbaum sammelte er ein paar Früchte, Frühfeigen, die zusammen mit dem jungen Laub wachsen und, unreif genossen, erfrischend sind. Er hatte Durst. Die Stunden, die er bewußtlos der Sonne ausgesetzt gewesen war, hatten ihn ausgezehrt. Als er die Frühfeigen von den Zweigen pflückte, erinnerte er sich, wie Jesus vor einem Feigenbaum am Wege innegehalten und zwischen den Blättern nach Früchten gesucht hatte. Es gab jedoch keine, und Jesus hatte den Baum verflucht, so daß er verdorrte. Und dann, auf den erstaunten Einwand der Schüler hin, hatte er dieses Wort vom Glauben gesagt; vom Glauben, der noch mehr vermag, als einen Baum zu zwingen, daß er stirbt. Der vielmehr Berge versetzen, sie gleichsam mit Macht in die Luft erheben und ins Meer versenken könne.

Judas Ischarioth war aus dem Garten herausgetreten und wandte sich stadteinwärts. Seine Schritte waren schleppend, er hatte keine Eile. Der Regen war heftiger geworden und hatte seine Kleider vollkommen durchnäßt. Aber es fror ihn nicht dabei. Die hängenden Wolken mit ihren zerschlissenen Säumen hielten die obere Stadt und die Gipfel der Berge ringsum verhüllt. Nichts regte sich vor den Mauern und am Tor. Außer dem Regen, der auf die Steine und Büsche niederging und ihm ins Gesicht sprühte, war alles ganz still und wie tot.

Judas stellte fest, daß es nicht mehr lange war bis zum Abend. Er stieg einen Pfad zum Stadttor hinauf und kam in seinen Gedanken immer wieder auf diese eigentümliche Begebenheit mit dem Feigenbaum zurück und auf die Worte, die Jesus dabei gesprochen hatte. Ein Glaube, der Berge versetzt.

Der Meister hatte ihn gehabt und mehr als einmal bewiesen.

Glaube, der etwas wagt; alles wagt.

Der sich nicht ängstlich verbirgt und nur dort zum Vorschein kommt, wo es nichts kostet.

Sondern der mutig ist, verwegen, opferbereit.

Glaube, der nicht heillos erschrickt, wenn er mehr will als das, was möglich und zulässig scheint. Der vielmehr will, daß sich Berge erheben und wie Kiesel, die ein Knabe schleudert, ins Meer stürzen.

Ein unbändiger, maßloser Glaube.

Der alles auf einmal und mit einem Schlag erreichen will. Die neue Welt und den neuen Menschen, sofort und auf vollkommene Weise.

Der das Reich herbeizwingt, das Gott verheißen hat.

Der Gott selbst herausfordert zu handeln . . .

Judas hielt seine Sehnen angespannt bei diesen Gedanken, die Hände waren zu Fäusten geballt, und seine Augen hatten wieder diese flackernde Unruhe, die den Freunden im Schülerkreis gelegentlich aufgefallen war. Im Stadttor, das er inzwischen erreicht hatte, musterte er den römischen Wachtposten, der unter einem Mauersims Deckung vor dem Regen genommen hatte. Er spie auf die Erde, machte eine wegwerfende Gebärde und taumelte die Gasse entlang, die zum Tempelbezirk hinüberführte. Hin und wieder blieb er unvermittelt stehn. Dann horchte er angestrengt in den Regen und in den Wind, der über die Dächer strich, und reckte den Kopf, als müsse er einen entfernten, bedeutsamen Blickpunkt ins Auge fassen. Danach schritt er wieder los, auf ungelenken Beinen, und summte eine Psalmenlitanei vor sich hin. An der Straßenkreuzung mußte er anhalten, weil eine römische Patrouille vorbeimarschierte. Er blickte verstört wie auf eine phantastische Erscheinung; dann lachte er. Warf den Kopf in den Nacken zurück und wurde von lautlosem Lachen geschüttelt wie von einem Fieber, über das er nicht Herr war. Der Regen trommelte auf ihn herunter, hatte sich in der Gasse auch schon gesammelt und umspülte seine Füße. Er bemerkte es nicht. Er fühlte sich müde, unsagbar erschöpft und müde und lehnte sich mit dem Rücken an eine feuchtlehmige Wand und schloß die Augen.

Als er wieder etwas wahrnehmen und Dinge unterscheiden konnte, befand er sich in einem engen Wohnraum. Der Schemel, auf dem er hockte, stand dicht bei der eingemauerten Feuerstelle, in der das Holz knisterte. Es war behaglich warm. In einigen Tonschalen, die mit Öl gefüllt waren, brannten Lichter. Sein Mantel war ihm abgenommen worden und lag zum Trocknen ausgebreitet vor der Feuerstelle. Ihm gegenüber, gleichfalls auf einem Schemel, saß ein Mann vornübergebeugt und schaute ihm aufmerksam und besorgt ins Gesicht.
Es scheint besser zu werden. —
Danke. —
Er habe vorhin wohl sein Bewußtsein verloren. —
Offenbar. —
Ob er an einer Krankheit leide? —
Nein. —
Ob er fremd sei in der Stadt, ein Festpilger von weither? —
Ja, ein Festpilger, aber nicht von weither. —
Gott scheine das Fest nicht gesegnet zu haben in diesem Jahr. —
Judas reckte sich, stützte, da ihm zu schwindeln drohte, eine Hand an die Mauer.
Wie er das meine? —
Nun, insgesamt. —
Der Gastgeber sprach zögernd, war erschrocken über die unvermutete Heftigkeit des Mannes, den er von der Straße fort in sein Haus geschafft hatte, um ihn zu versorgen.

Es sei eben, alles in allem, kein Fest wie die andern. —
Judas schwieg und brütete vor sich hin.
Das Schlimmste, fuhr der Hausherr fort, das Schlimmste sei nun
hoffentlich überstanden. Der scheußliche Regen draußen werde
schon nicht zu einer neuen Sintflut reichen. Im übrigen verhin-
dere er, daß die aufgeregte Stimmung unter den Leuten zu unbe-
dachten Handlungen führe. —
Das Schlimmste? —
Judas horchte angespannt in den Raum, als müßte die Antwort
geflüstert werden.
Das Schlimmste? Bitte, das Schlimmste? —
Ob er das denn nicht mitbekommen habe, die Sache mit dem Galiläer, den sie verurteilt und ans Kreuz gebracht hätten, in einem
ganz ungewöhnlichen Eilverfahren; man höre allerlei Ungereim-
tes darüber, aber eines sei gewiß, daß sie da einen gehenkt hätten,
der nicht zu hängen verdiente, ein braver Mann, vielleicht etwas
unbequem für manch einen, der um seine Position besorgt sein
muß; ein braver Mann jedenfalls, dem man nichts Nachteiliges
anlasten konnte, da habe man eben Zeugen geschmiert und ein
Schauspiel aufgeführt, das ihn zum Bösewicht erklärte, und das
Volk sei in Scharen darauf hereingefallen.

Judas spürte, wie ein Zittern seinen Körper durchlief, er kämpfte
dagegen an, konnte es nicht vermeiden.
Der *Mensch* war tot. Und er, Judas aus Karioth, hatte ihn zu Fall
gebracht. Der Meister hing jetzt am Kreuz — und nichts hatte
sich geändert!
Die Stadt stand, der Tempel, die niedrigen Häuser. Römisches
Militär war am Tor, marschierte durch die Gassen. Er hatte es
selber gesehn.
Die Menschen lebten wie gestern und vorgestern und alle Tage.
Kein Umbruch.
Keine Wende von Welt und Geschichte.
Kein Wunder vom Himmel.
Sein Glaube war angetreten, um Berge zu versetzen, und mehr
als das. Er wollte das Reich herbeizwingen. Wollte Gott nötigen,
daß er eingriff. Vom Himmel her mit Gewalt eingriff, wenn Je-
sus, der verheißene *Mensch,* den er gesandt hatte, gewaltsam zu
Tode gebracht werden sollte. Konnte denn Gott wirklich schwei-

gen, bei so einem Triumph menschlicher Bosheit? Wenn die Kräfte der Nacht überhand nehmen, so hatte er's doch seit seiner Jugend gelernt und verstanden, wenn die Schatten größer und größer werden; wenn die Finsternis anfängt, die Sonne zu dekken, das Licht zu verschlingen: dann ist Endzeit! Und dann ist die Zeit des lebendigen Gottes! Die Gestalten des Bösen bäumen sich auf, noch einmal, in einer letzten Empörung gegen den Schöpfer, doch ihre Zeit ist vorüber; sie sinken ins Nichts, und Gott erfüllt Erde und Himmel, ist alles in allem. — So hatte er's ausgemalt, hundertmal erträumt und herbeigesehnt, jetzt sollte es geschehen. Mit der Auslieferung des Meisters beschwor er die Endzeit, drängte er Gott zum Eingreifen, der doch nicht dulden konnte, daß das Schlimmste auf Erden, die Hinrichtung seines Gesandten, seines Sohnes auch wirklich geschah...

Mit fahrigen Bewegungen, die Arme in die Höhe werfend, dann tastend an der Zimmerwand, dem Kamin entlang, strebte Judas plötzlich zum Ausgang, ohne Mantel, der noch vor der Feuerstelle lag; trat hinaus in den Regen, der nicht nachgelassen hatte, und in die Dunkelheit, die durch nebligen Dunst noch undurchdringlicher war; arbeitete sich, mit zerschundenen Handflächen am rauhen Mauerputz entlangfahrend, vorwärts; achtete nicht auf die Nässe, auf die Kälte, auch nicht darauf, daß er stürzte und nur mit Mühe wieder aufkam; suchte und fand den Tempelbezirk, lief auf den äußeren Vorhof, dann durch die Schranken auf den inneren, vorbei am Brandopferaltar zum Portal des Tempels; fingerte erregt an seinem Untergewand, am Gürtel, zerrte einen kleinen Beutel hervor, schwenkte ihn, daß die Münzen klangen, und schleuderte ihn heftig gegen die Tür. Dann stockte er, drehte sich um, unendlich langsam wie einer, der entrückt ist in Gedanken oder Träumen, setzte sich wieder in Bewegung, über die Vorplätze hinaus auf die Straße und tauchte unter in den Schatten der Stadt.

# Kaiphas

*Hätte Jesus vor einem modernen Gericht ge-*
*standen, so wäre er von zwei Ärzten untersucht*
*worden; man hätte entdeckt, daß er an einer*
*Zwangsvorstellung leide, er wäre für unzurech-*
*nungsfähig erklärt und in eine Anstalt ge-*
*schickt worden: das ist der ganze Unterschied.*

GEORGE BERNARD SHAW

Rechenschaftsbericht des Joseph Kaiphas, Hoherpriester zu Jerusalem.
Ausgefertigt in der Nacht des Passahfestes, nach dem rechtskräf-
tigen Prozeßverfahren gegen den Galiläer Jesus von Nazareth
und nach seiner Hinrichtung auf Golgatha.
Zur Kenntnis der römischen Militärbehörde.
Ebenfalls zur Kenntnis des Hohen Synhedriums.

Das Urteil über den Mann aus Nazareth ist vollstreckt. Das Ge-
setz wurde nicht gebeugt, sondern aufgerichtet. Wir haben getan,
was wir nach unserem Amt und nach unserem Gewissen zu tun
schuldig waren.
Trotzdem erfüllt uns weiterhin tiefe Sorge um die Ereignisse, die
sich abgespielt haben und die wir meinten, zu einem gültigen und
allseits befriedigenden Abschluß gebracht zu haben. Wir haben
uns freilich in dieser Annahme getäuscht. Die erhoffte Ruhe im
Volk ist nicht eingetreten. Wir hören von Gerüchten, die mit ei-
gentümlicher Begierde aufgegriffen und weitererzählt werden,
mit phantastischen Mutmaßungen über den Gehenkten und mit
unverhohlenem Argwohn gegen uns, die ihn heimtückisch zu
Fall gebracht hätten. Es habe erstaunliche Zeichen gegeben nach
dem Tod des Nazareners. Und das Volk liebt solche Zeichen. Der

Himmel selbst, heißt es, habe sich für das Recht des Toten verbürgt. Dafür gebe es Augenzeugen. Die Zeit des Gekreuzigten sei nicht um. Seine Sache keineswegs erledigt. Der Prozeß, den man ihm gemacht, werde auf andere Weise wieder aufgerollt. Wir gestehen ein, daß wir außerordentlich beunruhigt sind durch solche Berichte. Es hat den Anschein, daß die Gefahren, die wir in der Person und der Wirksamkeit des Nazareners zu erkennen meinten, auch nach seiner Beseitigung nicht vollends ausgeräumt sind. Verhängnisvoller als die Macht eines Lebenden kann der Mythos eines Toten sein. Und wir besitzen hier sehr viel geringere Mittel, dem entgegenzuwirken.

Worauf es unserer Einschätzung nach zur Stunde ankommt, ist ein Höchstmaß an Solidarität in unseren eigenen Reihen. Wir ermahnen darum die Parteien des Synhedriums von der sadduzäischen Rechten bis zur pharisäischen Linken, Meinungsverschiedenheiten, wie sie sich auch vor und während des Prozeßverfahrens gezeigt haben, einstweilen um der höheren politischen Vernunft willen zurückzustellen. Und wir appellieren ebenso an die römische Militärbehörde, dafür Sorge zu tragen, daß Zwischenfälle vermieden werden, die in der Bevölkerung den Eindruck der Zerstrittenheit zwischen uns und der römischen Landesregierung hervorrufen könnten. Wir erinnern in diesem Zusammenhang nur an die Auseinandersetzung um den Titulus am Kreuz, wo die provozierende Kennzeichnung »König der Juden« nach unserem Ermessen geeignet schien, gefährliche Stimmungen im Volk erneut zu schüren, nachdem wir kurz zuvor alles getan hatten, diese zu beschwichtigen. Politische Fahrlässigkeit kann jetzt unabsehbare Folgen haben.

Aus diesen Anlässen heraus sehen wir uns verpflichtet, unsere Einstellungen, Überlegungen und Maßnahmen im Zusammenhang des Prozesses gegen Jesus von Nazareth in der Form eines Rechenschaftsberichtes vorzulegen und diesen einer sorgfältigen Beachtung durch die leitenden Organe und Persönlichkeiten in unserem Land zu empfehlen:

Wir, Joseph Kaiphas, Hoherpriester am Tempel zu Jerusalem und Präsident des Hohen Synhedriums, billigen in allen Einzelheiten das Verfahren, das gegen den Galiläer Jesus von Nazareth eingeleitet, durchgeführt und mit Vollstreckung des Todesurteils durch die römische Militärverwaltung abgeschlossen worden ist. Die Festnahme des Nazareners war berechtigt, die Anklage begründet, der Urteilsspruch einwandfrei.

Wir hatten keine andere Wahl.

Durch sein Verhalten und Reden hat uns dieser galiläische Wanderprediger selbst in die Zwangslage gebracht, polizeilich und gerichtlich gegen ihn vorzugehen. Niemand sage, wir hätten uns eilfertig und haßerfüllt daran gemacht, ihn auszuschalten. Wir haben im Gegenteil lange gezögert. Wir haben ihn gewähren lassen und die Bedeutung seiner Person und ihrer Auftritte ständig heruntergespielt. Das hat uns nicht wenige Vorwürfe eingetragen. Andere an unserer Stelle hätten rascher zugegriffen, Anlässe dazu waren reichlich vorhanden.

Wir wußten, daß er Berührung hatte mit sektiererischen Kreisen, die den Tempel und die Priesterschaft in Jerusalem mißachteten und laizistische Klostergemeinschaften am Rande des Toten Meeres gegründet hatten. Sein persönliches Bekenntnis, er werde den Tempel mit eigener Hand zerstören, ist unter anderem, wie bekannt, Gegenstand der Anklage gewesen.

Wir wußten ferner, daß er sich einen höchst eigenwilligen und in der Sache unerträglichen Umgang mit der Heiligen Schrift gestattete. Er verdrehte ihre Sätze und mißdeutete ihren Sinn. Mit seiner mangelhaften Schriftgelehrsamkeit fand und verbreitete er fortwährend Wahrheiten, die wohl seinem Kopf entsprungen, aber nicht der Heiligen Schrift entnommen waren. Sagt uns Mose: Du sollst nicht falsch schwören!, dann biegt er's um und verbietet das Schwören überhaupt. Stellt die Weisheit unserer Väter mit Sorgfalt und Verantwortung fest, welche Bedingungen für kultische Reinheit, die zur Begegnung mit dem heiligen Gott würdig macht, beachtet und erfüllt werden müssen, so geht er unbekümmert hin und verbreitet die Neuigkeit, daß nichts Äußerliches den Menschen unrein zu machen vermöge; der einzige Schmutz, der Gott mißfalle, sitze im Herzen der Menschen.

Wir wußten, daß er eine Schülerschaft um sich versammelte, der er ein seltsames Vorbild war. Anscheinend war ihnen alles erlaubt. Einfache und grundlegende Ordnungen unseres Lebens wurden öffentlich mit Füßen getreten. Die Ruhe des Sabbat war ihnen ebensowenig heilig wie die Achtung vor den ehrwürdigen Vertretern von Religion und Staat. An den Festtagen gingen sie

mancherlei Verrichtungen nach, die ausdrücklich verboten waren, und er ließ es schweigend geschehen. Über Priester und Schriftgelehrte wurden verleumderische Schmähreden gehalten; und er war nicht selten der Wortführer. Die Tradition unseres Volkes, die heilige Überlieferung der Väter wurde verdreht, besudelt und mit dem maßlosen Hochmut des Unverstands außer Kraft gesetzt. Ein einziger anhaltender und böswilliger Anschlag auf unsere heilige Ordnung! Die Ordnung unseres Glaubens und die Ordnung unseres Lebens. Die Ordnung, die wir Gott verdanken. Ein bewußt chaotisches Verhalten!
Wir haben lange zugeschaut und abgewartet. Wir haben unseren auflodernden Zorn mit Decken der Nachsicht immer noch einmal niedergehalten. Wir haben das Gespräch gesucht. Wir sind nicht gleich mit Gewalt eingeschritten, was uns vom Standpunkt des Rechts aus niemand hätte verdenken können. Unsere Absicht war die Verständigung, nicht die Inquisition. Aber wir wurden abgewiesen, wir wurden gedemütigt, geradeso, als seien wir Bittsteller, denen man ungeschoren die Tür weisen und über die man Spott häufen kann, so viel und so schonungslos, wie man mag.
Wir wußten, daß er als Mann aus dem Volk sich Freunde im Volk zu gewinnen verstand. Das Volk ist verführbar. Die es regieren, haben das Los, ungeliebt zu sein. Zumal in unseren Verhältnissen, wo fremde Herren das Land beherrschen und wo es nicht unsere Laune, sondern unser Zwang ist, mit ihnen den Ausgleich zu suchen. Die Vorschriften, die wir erlassen; die Maßnahmen, die wir treffen, etwa im gegenwärtigen Steuerrecht, erregen Mißfallen im Volk und sind doch unumgänglich. Wir sind nicht gefragt, was wir wollen. Wir haben keine Spielräume, zu entscheiden und zu handeln. Wir sind festgelegt und tun, was wir tun müssen. Dies heißen wir Verantwortlichkeit, alles andere ist törichte und wirklichkeitsfremde Demagogie. Sie mag zwar volksnah sein und die Herzen der Menschen erobern wie im Flug. Aber sie trägt doch in sich den Keim der Zerstörung, auch dort, wo sie von Freiheit schwärmt.

Manchmal braucht es nur einen Funken, um ein ganzes vor Trockenheit starres Gebäude lichterloh entflammen zu lassen. Und ein einziger blinder Maulwurf, der drunten im Erdreich seine geheimen Stollen gräbt, kann einen Damm zum Einsturz bringen, daß sich die Flut ins Tal hinabstürzt und alles überschwemmt.

Unser Land ist gegenwärtig wie ein feuergefährliches Haus. Die Ordnung in unserem Land gleicht einem brüchigen Damm. Darum müssen blinde Maulwürfe, die den Damm achtlos unterwühlen, aufgespürt und vernichtet werden. Und darum müssen Funken, die ein Feuer der Verwüstung entfachen könnten, rechtzeitig ausgelöscht werden.

Unser Volk ist ein freiheitsliebendes Volk. Ein stolzes Volk. Aber wir sind auch schwach. Wir müssen uns Stärkeren fügen, die uns ihren Willen aufzwingen. Immer wieder mußten wir uns Stärkeren fügen, die uns ihren Willen aufzwangen. Aber wenn wir nüchtern sind, müssen wir respektieren, daß die Römer zu großmütigen Zugeständnissen bereit sind, solange wir uns an die vertraglichen Regelungen halten. Wir erinnern daran, daß es unter den Römern jedenfalls keine Massendeportationen gegeben hat. Man hat uns weitgehende Selbstverwaltung eingeräumt. Der Tempel wurde nicht angetastet, der Tempelschatz nicht geraubt, der Tempelkult nicht verboten. Wir genießen Religionsfreiheit, beinahe so, als lebten wir ohne fremde Herrschaft im Land. Töricht darum der Übereifer jener galiläischen Pilgergruppe (warum eigentlich immer wieder Galiläer?), die im vergangenen Jahr zur Festzeit im Jerusalemer Tempel meinte, protestieren zu müssen gegen die Anwesenheit römischer Hoheitszeichen in der Stadt und gegen eine kleine, fast nur symbolische Vertretung römischer Militärpolizei. Die Empfindlichkeit des Pilatus wurde erschreckend deutlich an seiner Strafaktion gegen diese Pilger, unter denen ein Blutbad angerichtet wurde. Wer solche Zeichen zu deuten versteht, mußte einsehen, wie rasch wir die Zugeständnisse der Römer durch eigene Unbedachtsamkeit verspielen können. Die Römer haben kein Verlangen danach, uns in Fesseln zu legen oder auszurotten. Sie wollen den Frieden, und als die Stärkeren sind sie in der Lage, die Bedingungen für den Frieden zu diktieren. An uns liegt es, diese Bedingungen zu erfüllen.

Es ist uns durchaus bekannt, daß wir in manchen Kreisen deswegen der Kollaboration mit den Römern beschuldigt werden. Wir müssen diesen Vorwurf tragen. Die Vorteile, die uns persönlich aus der Politik der Verständigung zuwachsen, sind gering. Die

Vorteile für das Gesamtwohl und die Überlebenschance des Volkes dagegen sind beträchtlich. Wir verstehen uns als Anwalt des Volks der Juden, nicht als dessen Unterdrücker.

In ausführlichen Überlegungen, in Beratungen mit Freunden, mit Ausschüssen des Synhedriums, auch mit Vertretern der römischen Besatzungsmacht hatten wir die Folgen und Wirkungen zu berechnen versucht, die der Nazarener auszulösen imstande sei. Die Bilanz war furchterregend. Im Amt des Pilatus war man längst hellhörig geworden und begleitete die Wege des Wanderpredigers und die Reaktionen im Volk mit argwöhnischem Interesse. Man wußte, daß er kein Zelot war und auch nicht unmittelbar der nationalen Widerstandsbewegung in die Hände spielte. Trotzdem weckte er ein gefährliches Bewußtsein und ein Verlangen nach Freiheit. Er knüpfte an die Verheißungen der Propheten an, die immer auf Veränderung gedrängt, oft eine kämpferische Veränderung angestrebt hatten. Das Reich Gottes sei nah, zum Greifen nah, erklärte er — und wie sollte dieses Reich Gottes wohl aussehen mit römischem Militär im Lande, dem Reichsadler in Cäsarea und anderswo und einer Bastion der Fremdherrschaft gleich neben dem Tempel? Wenn man also tatsächlich anfing, ihm Glauben zu schenken, diesem Mann aus Nazareth, dann war schon die Macht der Römer im Bewußtsein des Volks überwunden; dann war der innere Widerstand gegen die, die anscheinend den Einbruch des Gottesreiches noch aufhielten, leidenschaftlich erregt, und dann wurden unverhoffte Tätlichkeiten aus dieser inneren Spannung heraus jederzeit möglich.
Keine Frage, daß diese Entwicklung den Römern außerordentlich unbehaglich sein mußte. Man ließ uns wissen, daß man das Treiben des Nazareners, der sich in ihren Augen wie ein religiös geschminkter Volkstribun ausnehme, mit einiger Besorgnis beobachte und von uns erwarte, daß wir geeignete Schritte einleiteten, ihn unter Kontrolle zu bringen. Was sollten wir tun? Schweigen und den Dingen unbekümmert ihren Lauf lassen durften wir nicht. Ein öffentliches Verfahren gegen den unbequemen Mann anzetteln wollten wir nicht: es hätte ihm wahrscheinlich weitere Popularität eingebracht. Also versuchten wir es mit Gesprächen und Verhandlungen; mit Auftritten, die ihn lächerlich oder unglaubwürdig machen und einen Keil zwischen ihn und seine An-

hängerschaft treiben sollten. Wir suchten Gelegenheiten, ihm Fangfragen zu stellen, an denen er scheitern mußte. So die Frage, ob es recht sei, dem Kaiser Steuern zu entrichten oder nicht; mit der Überlegung, daß jede Antwort für ihn verhängnisvoll ausfallen müsse: sagte er: ja, man solle dem Kaiser die Steuern entrichten, dann würde er unglaubwürdig mit seiner Rede vom nahen Gottesreich, mit der entfachten Hoffnung auf herrliche Freiheit, wo nur einer noch Herr wäre über das Volk: Gott selbst; sagte er jedoch: nein, man solle dem Kaiser keine Steuern entrichten, dann wäre er nach geltendem Recht als Sympathisant der Zeloten schuldig und könnte wegen erklärten Widerstands gegen die Staatsgewalt festgenommen werden. An anderer Stelle suchten Sadduzäer ihn in Widersprüche zu verwickeln, als sie ihn nach der Auferstehung von den Toten fragten, und später noch einmal, als sie sich erkundigten, in wessen Vollmacht er eigentlich aufzutreten meine. Das Ergebnis war jedoch immer, daß er sich solchen Fangfragen geschickt zu entziehen vermochte. Wir sahen ein: so war ihm nicht beizukommen.

Es gab daraufhin Kräfte, die nachdrücklich dazu rieten, ihn heimlich und unter Umständen, die niemals aufgeklärt werden könnten, beseitigen zu lassen. Wir haben solchen Anträgen jedoch beharrlich widerstanden, nicht zuletzt aus der begründeten Erwartung heraus, daß ein gewalttätiger Tod ohne ordentliches Gerichtsverfahren und ohne öffentlichen Schuldspruch die Gestalt und die Wirkung des Galiläers nur noch stärker machen dürfte. Insofern blieb uns zuletzt nur der Weg des rechtmäßigen Prozesses übrig. Es galt dabei, schon bei der Verhaftung des Schuldigen möglichst wenig Aufsehen zu erregen. Dazu kam uns die Bereitschaft eines seiner Anhänger zustatten, den Meister — aus welcher Verwirrung seiner Gedankenwelt auch immer — zu verraten und uns die Gelegenheit zu verschaffen, den Gesuchten nachts und unbemerkt von der Öffentlichkeit zu ergreifen. Weiter galt es, den Prozeßverlauf so zu gestalten, daß das Volk weitgehend von dem Nazarener abgezogen und gegen ihn aufgebracht würde. Eine schwierige Aufgabe, die aber in dem Augenblick hinreichend gelöst schien, als die Menge vor dem Tribunal des Pilatus überzeugend die Freigabe des Barabbas, nicht die des Jesus von Nazareth verlangte. Von da an glaubten wir, gewonnen zu haben.

Die Frage ist: Haben wir nun wirklich gewonnen? Oder konnte es nur Verlierer geben in diesem Kräftespiel? Hat der Galiläer gewonnen, der tot, aber nicht vergessen ist? Hat der Römer gewonnen, der mit unserer Hilfe eine Krise in diesem Winkel seines Reichs glücklich überstanden hat? Oder hat das Volk gewonnen, das einen neuen Mut zu glauben, neue Hoffnung geschöpft hat? Und sind wir die berufenen Richter, darüber zu entscheiden, ob diese Hoffnung im Volk nichts weiter sei als der Aufruhr von enttäuschten und entmutigten Herzen?

Wo Gericht gehalten, abgeurteilt und hingerichtet wird, bleibt immer etwas auf der Strecke. Gewöhnlich mehr als das nackte Leben eines Menschen. Wir fragen uns, was auf der Strecke geblieben sein mag im Prozeß gegen diesen Mann aus Nazareth. Unsere Reputation? Sie galt ohnehin nicht viel. Unsere Politik des Ausgleichs mit den Römern? Unser Vertrauen in die Lebensordnung, die wir den Vätern verdanken und an der wir festhalten, weil diese Lebensordnung für uns das Gewicht einer Gottesordnung besitzt? Wer diese Gottesordnung untergräbt, gar mit dem Anspruch, von Gott selbst dazu ermächtigt zu sein, ist als Gotteslästerer zu überführen. Hätten wir von dieser eindeutigen und verbindlichen Wahrheit abrücken sollen? Und was wäre dann der Preis gewesen; was hätte auf der Strecke bleiben müssen, wenn wir tatsächlich davon abgerückt wären? Vielleicht Gott selbst — und das Recht unseres Gottes?

Wir erinnern uns mit Schaudern des Augenblicks, als im Verhör der Angeklagte von sich behauptete, der Christus, Sohn des lebendigen Gottes zu sein. Heute, so scheint es, gibt es Brüder im Volk, die geneigt sind, dieser ungeheuerlichen Behauptung Glauben zu schenken. Im Gerichtssaal haben wir aus Zorn und Verzweiflung das Untergewand zerrissen; die Behauptung des Galiläers war damit nicht aus der Welt geschafft. Was sollten wir jetzt unternehmen denen gegenüber, die seiner Behauptung zu glauben anfangen? Wir können nicht Prozeß an Prozeß, nicht Tod an Tod reihen. Wir können nicht unsere Gewalt einsetzen gegen diese Hoffnung, so töricht sie immer sein mag. Was richtete auch Gewalt aus gegen die Hoffnung von Menschen? Sie kann sehr schwach sein, sehr ohnmächtig: die Gewalt von Menschen. Und sie kann sehr stark sein, unbeugsam stark: die Hoffnung von Menschen.

Mit der Gewalt haben wir uns eingelassen, und es ist noch nicht heraus, ob wir gewonnen haben mit ihr.

Es könnte an der Zeit sein, daß wir uns mit der Hoffnung einlassen. Aber wo ist tragfähige Hoffnung? Und worauf ist Hoffnung? Vielleicht entscheidet sich alles daran, ob die Wege in unserem Volk so auseinanderlaufen: eine Partei der Angst auf der einen Seite und eine Partei der Hoffnung auf der andern. Partei der Angst: womöglich wir; die Vertreter der alten Rechts- und Gottesordnung; Partner der Römer um des Friedens willen, dessen Gefährdung nicht weniger als die Lebensgefährdung unseres Volkes bedeuten dürfte. Partei der Hoffnung: womöglich die Leute aus dem Wirkungsbereich des Nazareners, Verführte oder Narren oder vom Geist des Höchsten Angerührte. Sollte diese Trennung auf uns zukommen?

Wir trauen uns in der Regel zu, die Zeichen der Zeit zu erkennen und angemessene Schlüsse daraus zu ziehen. Wir zweifeln nicht daran, daß wir die Zeichen, die von dem Zimmermann aus Nazareth ausgegangen sind, richtig gedeutet und verantwortlich darauf reagiert haben. Aber diese Überzeugung darf uns jetzt nicht in Sicherheit wiegen. Wir können uns über dieser Geschichte noch nicht zur Ruhe begeben. Die Zeichen, heißt es, haben nicht aufgehört. Das Verfahren ist — gegen unsere ursprüngliche Annahme — offenbar noch nicht abgeschlossen. Der Prozeß scheint offen. Wir werden weiter darin verwickelt sein. Wir sind noch nicht fertig mit dem Mann aus Nazareth. Wir warten ...

# Pilatus

*Der Römer kam ins Gelobte Land, das immer
weniger eines geworden war. Die Reichen vertrugen sich nicht schlecht mit der fremden Be-
satzung, sie schützte vor verzweifelten Bauern
und patriotischen Kämpfern. Sie schützte vor
Propheten, die man jetzt ganz unbeschwert
Aufwiegler nennen konnte.* ERNST BLOCH

Wahrheit!
Ein König der Wahrheit!
Einer, der's unternimmt, ein Reich aufzurichten, in dem die
Wahrheit gelten soll. Nichts als die Wahrheit! —
So viel Vertrauen in die Wahrheit ...
So viel Eifer für die Wahrheit ...
Solche Opferbereitschaft, der Wahrheit zuliebe ...
Was ist Wahrheit?

Pilatus klatschte in die Hände, verlangte noch einen Krug Wein,
vom besten, der im Keller vorhanden sei, am liebsten den
vollmundigen, schweren, den er aus Korinth habe holen lassen;
die verstünden sich nämlich auf Winzerei, die besäßen Kultur
und Lebensart, diese Griechen; sehr im Unterschied zur spröden,
unentwegt über etwas beleidigten und ewig aufsässigen Gesellschaft hier in Palästina, die er im Auftrag des Römischen Reichs
und Seiner Majestät, des Kaisers Tiberius, mit allen Mitteln seiner politischen Kunst bei der Stange zu halten hatte. Begriffen
hatte er sie immer noch nicht, diese Juden. All die Jahre über, die
er nun schon im Amt war, hatte er Anläufe genommen, ihrer Eigenart etwas näherzukommen, aber anscheinend ohne Erfolg. Es
gab ständig neue Überraschungen. Zuletzt diese, die er eben
durchgestanden hatte, mit dem merkwürdigen Schwärmer aus

der Provinz Galiläa, welche nicht einmal seiner verwaltungs-
rechtlichen Zuständigkeit unterlag; ein harmloser Geselle, seiner
Einschätzung nach. Doch was für ein Sturm braute sich deswegen zusammen über seinem Haupt: Abgeordnete des Synhedriums wurden reihenweise vorstellig, verlangten Konferenzen,
auf denen dann mit rabenschwarzer Tinte Plakate drohenden
Unheils an die Wand gezaubert wurden. Und er selber, der kai-
serliche Prokurator über die Reichsprovinz Judäa, sollte zunehmend unter Druck gesetzt und bearbeitet werden, damit er ein-
greife und dem verhängnisvollen Treiben des Nazareners ein ge-
waltsames Ende setze; es sei höchste Zeit. Das Volk war aufgebracht wie lange nicht mehr, und er hatte seinen Augen anfangs
nicht getraut, als eine schreiende, tobende Menge die Freigabe
des Barabbas begehrte, der nun wahrhaftig nicht harmlos war
wie dieser verträumte, weltfremde Prophet mit seiner unschuldi-
gen Liebe zur Wahrheit.
Ja, König der Wahrheit, hatte er gesagt. König ohne Truppen
und ohne Waffen. König ohne Thron und ohne Reich. Machtlos,
heimatlos, sogar im eigenen Volk ein Fremder.
Was für ein König!
Und was für ein Mensch!
Und was für ein Aufruhr um seinetwillen!
Begreife einer dieses Volk der Juden.

Pilatus ließ sich den Becher füllen und trank in bedächtigen Zü-
gen, bis er den leeren Becher absetzte und dem Sklaven durch einen Wink bedeutete, er dürfe sich entfernen. Dann goß er sich erneut ein, schweren, süßen Wein aus Korinth, und er stellte fest,
daß es nicht viele Dinge gab außerdem, die ihm das Gefühl einer
gewissen Behaglichkeit einzuflößen vermochten. Er wurde nicht
heiter oder gar beschwingt davon, wie es denen gelang, die Dio-
nysos verehrten und die sich im Rausch einen eigentümlichen
Absprung von aller Erdenschwere, hinein in den Schwebezu-
stand des Traums und des Vogelflugs und des befreiten Tanzes
leisteten. Aber wohliger wurde ihm; wenigstens etwas wohliger,
und er konnte eine kleine Zeit ohne Zorn damit leben, daß er in
diesem entlegenen Winkel des Reichs seinen undankbaren
Dienst zu versehen hatte.
Was für Welten lagen zwischen ihm und den Juden! Auch zwi-

schen ihm und dem Mann, den er vorhin zum Tode verurteilt hatte. Das war nicht sein Feind gewesen, den er mit innerer Genugtuung ausgelöscht, mit dem ganzen Aufgebot seiner Machtbefugnis zerdrückt hätte, wie man eine Wanze zerdrückt, die einen plagt. Er war ihm rundheraus gleichgültig gewesen. Gleichgültig und fremd. Der Feind ist einem nah, viel zu nah, der bedrängt einen, so daß man sich wehren, ihn unbedingt los sein muß, sei es, daß er entfernt, sei es, daß er vernichtet wird, Hauptsache: ich kann loskommen davon, kann wieder atmen, mich wieder frei bewegen. Jesus von Nazareth war nicht sein Feind. Nicht einmal sein Feind. Sie waren nicht freiwillig aufeinander zugegangen, und sie hatten nicht viel miteinander geredet, und sie hatten dann noch erheblich aneinander vorbeigeredet.

Freilich, für Überraschungen waren sie immer gut, diese Juden, seit sechs Jahren nun hatte er seine Erfahrungen gemacht damit, aber er war im Grunde nicht klug geworden aus seinen Erfahrungen. Zog man die Zügel an und zeigte Härte und Entschiedenheit, konnte mit aufsässigem und bis an die Grenze des Wahnsinns hartnäckigem Widerstand gerechnet werden. Ließ man die Zügel locker und bewies Entgegenkommen, wie vorhin im Fall dieses galiläischen Propheten, dann wurde unnachgiebige Strenge gewünscht, konnte sich der Prokurator nicht ruchlos genug geben.
Damals, vor sechs Jahren, als er sein Amt antrat, reichlich vorgewarnt von Beamten und Hauptleuten, die bereits unter seinem Vorgänger Gratus in Judäa gewesen waren, damals hatte er bei seiner ersten Maßnahme in Jerusalem schon Mißfallen erregt. Eine nichtige Angelegenheit, seiner Auffassung nach, die jedoch beträchtliche Folgen nach sich zog: Damals waren römische Kohorten nach Jerusalem eingerückt, und er, Pilatus, hatte nichts dagegen einzuwenden, daß die Feldzeichen der Truppe, Legionsadler mit dem Kaiserbild, in die Stadt mitgeführt wurden. Da der Einmarsch nachts erfolgte, wurde die Anwesenheit der militärischen Reichssymbole erst anderentags entdeckt, allerdings, was die Gemüter im Volk wohl besonders heftig erregte, in unmittelbarer Nachbarschaft des heiligen Tempelbezirks, nahe dem herodianischen Palast. Wenig später versammelte sich eine drohende Volksmenge vor seiner Residenz in Cäsarea, und

Wortführer verlangten, daß die Hoheitszeichen mit dem Kaiser-bild unverzüglich aus der Stadt Jerusalem zu entfernen seien. Dies entspreche den vertraglichen Vereinbarungen mit dem Kaiser. Pilatus, derart bedrängt, bangte um seine Autorität als Statthalter über die Provinz und entschloß sich, unnachgiebig zu bleiben. Der Protest wurde abgewiesen; den Sprechern zu verstehen gegeben, daß Widerstand gegen die Staatsgewalt ohne Ansehen der Person geahndet werde; der versammelten Volksmenge mitgeteilt, daß Soldaten beauftragt würden, wahllos einzelne von den anwesenden Demonstranten zu ergreifen und der römischen Gerichtsbarkeit zu überstellen. Alles ohne die erhoffte Wirkung.

Fünf lange Tage und fünf Nächte hielt die aufgeregte Menge aus, war nicht mit guten Versprechungen und auch nicht mit harten Drohungen zu zerstreuen und bestürmte den Prokurator, die ärgerliche Maßnahme zurückzunehmen: die Anwesenheit von Kaiserbildern in Jerusalem sei eine unerträgliche Beleidigung ihres Gottes. Endlich war er der Verhandlungen müde gewesen und hatte erklärt, daß unbarmherzige Gewalt auf den Plan müsse, wo Vernunft anscheinend nichts mehr auszurichten vermöge: Militär wurde aufgeboten, mit gezückten Schwertern trieb man das widerspenstige Volk ins Stadion, umgab es mit einem Ring bewehrter Legionäre, die nicht danach aussahen, als ob sie einen Befehl verweigern würden, der eine feige Schlacht gegen wehrloses Volk anordnete: ein letzter Versuch, die Juden zum Einlenken zu zwingen.

Was dann geschah, hatte Pilatus entwaffnet: die Menschen warfen sich, offenbar unbeeindruckt von ihrer lebensgefährlichen Lage, einer nach dem andern zu Boden, schweigend jetzt, ganz ohne Murren, mit diesem ohnmächtigen Protest, der noch viel tiefer sitzt, tiefer geht, der das Leben anbietet als Pfand, als Opfer; sie entblößten den Nacken, wehrlos bis auf die nackte Haut, und warteten still auf das Zeichen, das den Schwertern gebieten sollte zu handeln. Pilatus hatte es mitangesehen, fassungslos über das, was da vorgehen mußte in diesen Menschen; hatte die Legionäre abrücken lassen, war in sein Hauptquartier zurückgekehrt, hatte sich eingeschlossen, Wein verlangt, den schweren, vollmundigen aus Korinth, und hatte den Sklaven, der ihm aufzuwarten pflegte, mißmutig davongeschickt ...

Er konnte sie wahrhaftig nicht begreifen, all die Jahre hatte er's nicht gekonnt. Was ihnen wichtig war; was sie verehrten; wofür sie sich prügeln und einsperren und foltern und kreuzigen ließen — er verstand es nicht. Ihre Religion bestimmte offenbar ihr Leben, ihr Verhalten, von der Kleidung angefangen bis zum Tempeldienst. Und immer — sei es unterschwellig oder herausfordernd offen — dieses bohrende Verlangen nach Freiheit. Für ihn war's im Einzelfall außerordentlich schwierig zu entscheiden, was Eigentümlichkeit des religiösen Lebens, was politische Provokation war. Der Prophet, den sie eingefangen und hergeschleppt hatten, behauptete, König der Wahrheit zu sein, als er ihn ins Verhör nahm. Aber was ist ein König der Wahrheit? Was ist Wahrheit?

Pilatus hatte sich von seinem Lager erhoben, war ans Fenster getreten und schaute über die regennassen Dächer der Herodesstadt. Das Urteil, das er gesprochen hatte, längst schon wieder ohne innere Beteiligung, gleichgültig, mechanisch, wie einer, der bloß traumwandlerisch dabei ist und dessen Hände geführt, dessen Worte vorgesagt werden; dieses Urteil war nun wohl vollstreckt. Die Geschichte konnte vergessen werden.

Sechs Jahre in Palästina, das war eine lange Zeit. Tiberius, der Fuchs, pflegte zu sagen, Statthalter sind wie Fliegen, die sich hungrig auf den Wunden eines Überfallenen niederlassen. Man tut nicht gut daran, sie vorzeitig aufzuscheuchen. Sind sie erst satt, werden sie zahmer, verträglicher; jagt man sie fort, schwirren andere herbei, die sind hungrig und gierig wie die ersten. Eine feine Einschätzung seiner hochwürdigen Prokuratoren: Geschmeiß, das sich vollsaugt mit Lebenssaft aus den anvertrauten Provinzen. Und so war es ein Grundsatz des Kaisers geworden, Statthalter nur dann von ihren Posten abzuziehn, wenn sie sich unübersehbar für höhere Aufgaben empfahlen (dies war eine eitle Hoffnung, sofern man erst in Judäa saß); oder wenn man versagt hatte und beim Gott-Kaiser in Ungnade gefallen war (dies galt es, dem eigenen Leben zuliebe, zu verhindern).

Bedrohlich genug war's für ihn, Pilatus, vor Jahresfrist geworden, als Sejan, einst Vertrauter, dann Gegenspieler des Kaisers in Rom, der mächtige und machtbesessene Befehlshaber der Garde, im Handstreich gestürzt, vom Kaiser verurteilt und hingerichtet worden war. Sejan war es gewesen, der Pilatus nach Judäa entsandt, mit der Prokuratur betraut hatte, nicht ohne ihm schonungslose Härte gegen die Juden anzuempfehlen, die er mit Leidenschaft haßte und die er verfolgte, in Rom selbst und in anderen Teilen des Reichs. Sejan war wie krank gewesen in seiner Wut gegen das Judenvolk, und im Schutze Sejans, als sein Günstling, auch durchaus ihm zu Gefallen hatte Pilatus sich manches erlaubt, das die Juden reizen und in Harnisch bringen mußte, ihn selber gleichwohl kalt und unbeteiligt ließ. Die kleinste Regung, die einen Verdacht von Aufruhr im Volk rechtfertigen konnte, wurde erbittert bekämpft und zunichte gemacht; von echten Revolten, wie jener unter der Führung des Barabbas, ganz zu schweigen. Erhob sich nirgendwo Widerstand, wurde er von ihm selber zu Zeiten künstlich geschürt, um einen Anlaß zu gewinnen, mit Waffengewalt einschreiten und sich vor Sejan als Herr der Lage erweisen zu können. So hatte er Münzen prägen lassen mit dem Lituus, dem Krummstab des Auguren, jetzt Majestätszeichen des Gott-Kaisers, auf der Bildseite, und hatte sie in der Provinz zum tiefen Ärger der Juden in Umlauf gebracht. Dann war es ihm gelungen, den geheiligten Tempelschatz anzugreifen, der durch jährliche Kopfsteuer aller Juden in der Heimat und in der Fremde bezuschußt wurde und ein beträchtliches, freilich für Heiden unzugängliches Vermögen darstellte; mit der Begründung, eine schadhafte Wasserleitung der Stadt ausbessern zu müssen, hatte er sich trotzdem Zugang zu Geldern dieses Tempelschatzes verschafft, und die Empörung darüber war groß gewesen. Wie gewöhnlich war man mit Protestnoten angerückt in Cäsarea, hatte Zugeständnisse des Kaisers namhaft gemacht und mit Beschwerdeschriften nach Rom gedroht. Doch in Rom saß Sejan, und auf Sejan war Verlaß. Bis Sejan selbst das Spiel mit dem Kaiser zu weit getrieben, seine Macht überschätzt hatte und buchstäblich von einem Tag auf den andern verstoßen und vernichtet war. Tiberius ging sogleich daran, das Reich von den Günstlingen seines Gegners zu säubern, zitierte manchen Befehlshaber, manchen Statthalter nach Rom und war vor allem bestrebt, dem Haß gegen Juden ein Ende zu setzen.

Für ihn, Pilatus, hatte sich damit die Lage verhängnisvoll zugespitzt. Er mußte jetzt, wollte er überleben, die Verständigung suchen mit einem Volk, das er niemals verstanden, nicht einmal ernsthaft zu verstehen gesucht hatte. Er mußte Freunde gewinnen unter Menschen, die ihm fremd und feindselig gegenüberstanden. Er mußte beschwichtigen, glätten, andauernd entgegenkommen. Er war erpreßbar geworden.

Und dann diese unselige Geschichte mit dem Propheten aus Galiläa, die ihn in lauter Verlegenheiten stürzte! Dessen Anhängerschaft im Volk vermochte er nicht zuverlässig einzuschätzen. Also mußte im Fall eines Todesurteils mit aufrührerischen Bewegungen gerechnet werden. Umgekehrt zog er im Fall eines Freispruchs den erbitterten Zorn der gesamten Priesterschaft und des Synhedriums auf sich, und die waren imstande, ihn am Hof des Kaisers erbarmungslos zu denunzieren. Seine Rettung war die Szene, welche dem Volk die Wahl zwischen dem Widerstandskämpfer Barabbas und dem Propheten Jesus erlaubte, denn der einhellige und für ihn im Grunde rätselhafte Schrei: Nicht Jesus, sondern Barabbas! gab ihm hinreichende Gewißheit, daß das Todesurteil über den Mann aus Nazareth für ihn die ungefährlichere Lösung war. So hatte er's vorgezogen, den König der Wahrheit preiszugeben und jenen Barabbas, der zweifellos wieder im Untergrund tätig werden und ihm Verdruß bereiten würde, aus der Haft zu entlassen.
Begreife einer diese Juden, jeden einzelnen von ihnen und das Volk insgesamt! Pilatus war vom Fenster umgekehrt, hatte sich niedergelassen, den Becher noch einmal gefüllt. Plötzlich wurde ihm bewußt, daß er mit seinen Gedanken — ganz gegen seine sonstige Gewohnheit — von der Begegnung mit dem Galiläer nicht loskam. Irgend etwas an ihm hatte ihn betroffen gemacht, hatte ihn veranlaßt, über sich selbst, sein Leben nachzusinnen, weit mehr, als er sich das gewöhnlich erlaubte. Er mußte lächeln. Vielleicht braucht es einen Narren, um irgendwann einmal zur Vernunft zu kommen?
Wer Verleumdung und Heimtücke und Verrat hinter sich hat und als Mann des Todes vor dem Tribunal des Todes steht und dort zu erkennen gibt, er sei ein König der Wahrheit, der kann bloß ein Narr sein — oder er *ist* der König der Wahrheit. Pilatus fand, als er darüber nachdachte, daß er auf Wahrheit selbst nie viel gegeben hatte. Kämpfen und siegen — das war seine Welt! Die stärkeren Legionen haben, wenn eine offene Feldschlacht

bevorsteht; die besseren Beziehungen haben, wenn beim großen Ränkespiel am kaiserlichen Hof erst die Würfel fallen, dann die Köpfe. Tauglichkeit fürs Leben: das ist die Kunst, sich aller Widerstände zu erwehren. So hatte er's gelernt, in diese Moral war er hineingewachsen, und sie hatte sich, alles in allem, zufriedenstellend ausgezahlt. Wahrheit war eine Größenordnung, zu der er einfach kein Verhältnis gewonnen, wohl ehrlicherweise auch nie ein Verhältnis angestrebt hatte. Selbst der Kaiserkult, diese seltsame, zugleich ungeheuer raffinierte Mischung aus Religion und Politik, die man den Großkönigen des Orients entliehen und in Rom mit mäßiger Begeisterung aufgenommen hatte, bedeutete für ihn keine Wahrheit. Die religiöse Verehrung des Kaisers war nützlich, aber nicht wahr. Sie lieferte in dessen Person ein Symbol für die Einheit des Reichs, das im übrigen zerstückelt war in zahllose Länder, zahllose Völkerschaften, Kulturen und Religionen. Das hatte also seinen guten Zweck, wenn auch keinen tieferen Sinn. Pilatus dachte an den berufenen Dichter des Kaiserkultes, Vergil, und seine Verse, die Glauben wecken, den Mythos vom Gott-Kaiser in den Herzen der Römer aufrichten und bewähren sollten. Worte, auf Augustus-Sebastos bezogen, den Gott, der doch kein anderer war als der kriegstüchtige, diplomatisch geschickte, auf Macht und die langfristige Sicherung seiner Macht bedachte Octavian:

»Dies ist der Mann, dies ist er, der längst den Vätern Verheißne,
Caesar Augustus, Sohn Gottes und Bringer der Goldenen Endzeit,
Der in Latium, wo einst Saturnus das Szepter geführt hat,
Gründet das Reich, das bis über die Sonnenbahn sich hinausdehnt.
Seinem Advent schon harren die Kaspischen Reiche entgegen,
Und das Asowische Land, erschreckt durch Orakel der Götter.
Weder Herkules hat so viele Länder betreten
Noch auch Bacchus, der Gott, der mit weinlaubumwundenen Zügeln
Einst im Triumphzug den Wagen in Indiens Täler gelenkt hat.«

Eines war sicher: der angebliche König der Wahrheit, den er eben noch vor sich gehabt, verhört und verurteilt hatte, besaß keine Macht.

70

Er beanspruchte auch keine Macht.

Wenigstens nicht solche, wie sie der Gott-Kaiser in Händen hielt und wie sie Vergil, der Hofsänger, mit festlichen Hymnen in den Himmel hob.

Dieser Nazarener, der König der Wahrheit, war ein Bettler der Macht, und merkwürdig: es kümmerte ihn nicht. Seine Herrschaft, erklärte er, sei nicht von dieser Welt.

Von welcher sonst?

Fragen über Fragen, dachte Pilatus. Es wäre am Ende doch reizvoll gewesen, das Gespräch, das er von Amts wegen mit diesem eigenartigen König der Wahrheit hatte führen müssen, noch etwas auszudehnen. Vielleicht wäre er einigen Rätseln, die ihn jetzt so unerwartet zu beschäftigen begannen, doch halbwegs auf die Spur gekommen.

Der Sklave trat über die Türschwelle, verneigte sich ehrerbietig und bat um die Erlaubnis, etwas mitteilen zu dürfen. Ein Mann, offenbar ein angesehener, begüterter Mann, habe soeben vorgesprochen und eine Gefälligkeit des Statthalters erbeten. Sein Name sei Joseph von Arimathäa. Sein Anliegen betreffe den gehenkten Propheten aus Galiläa, Jesus, genauer: seinen Leichnam. Er habe eine Grabstelle erworben, die sei er bereit, zur Verfügung zu halten, ihm liege daran, daß der Tote rasch vom Kreuz abgenommen und in ein würdiges Grab verlegt werde: ihm, dem man zu seinen Lebzeiten keine Ruhe gelassen, sollte die Ruhe der Toten nicht auch noch verwehrt sein. Er bitte darum den Statthalter um die gnädige Erlaubnis, den Leichnam des Jesus aus Nazareth bergen zu dürfen. Gott werde es ihm lohnen.

Pilatus schaute auf, nachdenklich, eine Weile schweigend, ehe er sich erhob, wieder ans Fenster trat, hinuntersah auf die Stadt, über der es Abend wurde, und den wartenden Sklaven beauftragte, dem Bittsteller draußen im Namen des Prokurators zu sagen: Der König der Wahrheit ist frei. Ich habe keine Macht mehr über ihn.

# Simon von Cyrene

*Sensibel*
*ist die erde über den quellen: kein baum darf*
*gefällt, keine wurzel*
*gerodet werden*

*Die quellen könnten*
*versiegen*

*Wie viele bäume werden*
*gefällt, wie viele wurzeln*
*gerodet*

*in uns*                    REINER KUNZE

Vor dem Morgengrauen schon war er hinausgegangen. Er hatte die Stadt hinter sich gelassen, in der er wohnte und trotzdem nicht zu Hause war, hatte sein kleines Grundstück aufgesucht, auf dem er etwas Wein anbaute und vor allem mit sich allein war. Er tat das häufig. Besonders jetzt in der Passahzeit, da floh er die Stadt, die Menschen, die dort zusammenströmten, die Straßen füllten und das Fest begingen, das sie das höchste, das vornehmste nannten.

Simon kümmerte sich nicht darum. Er hatte sich früh von seinem Lager erhoben, ohne daß Rufus und Alexander, seine Söhne, es bemerkten, hatte die Hacke geschultert und anderes Gerät, das für die Feldarbeit gebraucht werden konnte, und es hatte ihn mit einer heimlichen Genugtuung erfüllt, die Vorschriften so unbekümmert außer acht zu lassen, die über die Festzeit verhängt waren und Tätigkeiten aller Art untersagten.

Draußen vor den Toren der Stadt war ihm wohler. Er genoß die Insel, die er sich hergerichtet und von der Welt abgesondert hatte. Ein begrenzter Flecken, karger Ackerboden, dazu ungünstig, weil abschüssig am Hang gelegen, aber sein Eigentum. Er liebte diese kleine Insel, besonders am Morgen, wenn der Tag heraufdämmerte und das Licht sich allmählich, unwiderstehlich durchsetzte gegen die Nacht. Hier konnte er lange verweilen, die Zeit verstreichen lassen, nachdenklich und in sich gekehrt; konnte mit seinen Blicken wohlgefällig die niedere Ummauerung abschreiten, die er aus Feldsteinen an den Grenzen seines Weinbergs aufgeschichtet hatte, und die Weinstöcke und Oliven begutachten, die er einmal gesetzt hatte und deren Wachstum er sorgfältig bewachte. An diesem Ort hatte er das Empfinden, zu Hause zu sein. Eigentlich nur an diesem Ort. Überall sonst war Fremde. Jenseits des Meeres, in Afrika, wo er aufgewachsen war, und auch hier in Judäa, wo er vor Jahren anlandete, seine Heimat zu finden, und wo er noch einmal kalte, abweisende Fremde erleben mußte. Das kleine Grundstück draußen vor der Stadt war wie eine einsame Herberge: sein Stück Land, sein Anteil am verheißenen Boden der Väter, ein lächerlicher Anteil, solange man's nach den Erträgen maß, die dort herausgewirtschaftet werden konnten, aber dies war ja auch nicht das Ziel gewesen, wonach ihn verlangt hatte.

In der Stadt hieß man ihn Simon, den Einsiedler. Oder einfacher Simon, den Kauz.

Es war ihm gleichgültig.

Seine Söhne versorgten ihn mit rührender Aufmerksamkeit und hatten es längst aufgegeben, in ihn zu dringen, ihn zu lenken oder umzubiegen. Sie ließen ihn gewähren. Sie wußten von den Verletzungen und Verstümmelungen, die ihn zu dem gemacht hatten, der er jetzt war.

Geboren wurde er in Cyrene, in Nordafrika, als Sohn aus begütertem jüdischen Hause, der Vater unterhielt Handelsbeziehungen in allen wichtigen Städten der Mittelmeerküste, von Alexandria bis hinüber zum griechischen Festland. In Cyrene gab es eine starke jüdische Kolonie und eine vielfältige, rege Kultur. Simon las die Heiligen Schriften, hatte aber auch Zugang zu den Lehren griechischer Philosophen und lernte im Theater die großen Tragödien kennen. Den Vater durfte er bei manchen Reisen begleiten, auf dem Schiff und auf dem Lande, er bewunderte die Kunst der Griechen und die Macht der Römer, wollte das alles in

sich aufnehmen, darin leben, und bemerkte mehr und mehr, daß
es ihm nicht gelang. Er war Jude, aber der Glaube seiner Väter
war ihm brüchig geworden unter dem Eindruck des griechischen
Geistes, dem er sich nicht versagen konnte. Er besuchte die Synagoge in Cyrene und anderswo, aber er erlebte es wie ein verlorenes Paradies, in dem er kein Heimatrecht mehr genoß. Die Wurzeln, denen er einmal entsprossen war, schienen ihm ausgerissen.
Er erfuhr es an sich selber, daß er in der Diaspora lebte, in der
Zerstreuung, ein heimatloser Vagabund, Fremder unter Fremden, nicht Jude, nicht Grieche und nicht Römer, obwohl er zur
jüdischen Glaubensgemeinschaft zählte, sich der griechischen
Sprache bediente und römisches Bürgerrecht besaß.
Allmählich reifte in ihm der Wunsch, nach Palästina zurückzukehren, ins Land der Väter. Es war der einfache Wunsch, zu
Hause zu sein und sich selber zu finden. Die Eltern ließen ihn ziehen, ausgerüstet mit seinem Erbteil und mit Segenswünschen, die
ihn begleiten sollten: die Sehnsucht zurück nach Jerusalem, zur
Stadt Gottes, war der geheime Traum aller Juden in der Diaspora. Simon ahnte nicht, daß er noch einmal in die Fremde geraten sollte, nicht in die Heimat.
Er hatte dieses Land betreten voller Hoffnungen und Träume,
aber er hatte nicht Fuß fassen können darin.
Er wollte in dieses Volk, das das Volk seiner Väter, das Volk der
großen Verheißungen Gottes war, eingehen wie in einen bergen-
den Raum. Aber er begegnete mißtrauischen Menschen, die auf
ihren Vorteil bedacht waren wie irgendwo sonst auf der Welt.
Ein Geschäftsmann, dem er ahnungslos sein Vertrauen schenkte,
brachte ihn um den größeren Teil seines Vermögens. Die Klage,
die er daraufhin anstrengte, wurde niedergeschlagen.
Er mußte feststellen, daß Spiele auf offener Szene und Spiele hinter den Kulissen aufgeführt wurden; es gab genügend Leute, die
sich unter den Gegebenheiten der römischen Besetzung durch
zwielichtige Geschäfte an ihren Volksgenossen bereicherten und
sich mit erhöhten Abgaben für den Tempel ein reines Gewissen
einkauften.
Dem Tempel selbst blieb er, nachdem er ihn anfangs mit vorbild-
licher Regelmäßigkeit besucht und seine Opfer dargebracht
hatte, allmählich fern. Die Feiern bedeuteten ihm nichts mehr.
Es erschien ihm alles so äußerlich, eigentümlich aufgesetzt,

darum auch aufdringlich; religiöse Formen, die mit dem Leben nicht übereinstimmten, wo eins das andere fortwährend Lügen strafte.

Eine Zeit über war er geneigt, sich der pharisäischen Bewegung anzuschließen, aber dann fühlte er sich abgestoßen von geistiger Enge und religiöser Unduldsamkeit, schon gegen andere, abgesplitterte und als Sekten etikettierte Gruppen im eigenen Volk; von den Religionen und der Weisheit anderer Völker, die er kennen und achten gelernt hatte, ganz zu schweigen.

Er gewann keine Freunde, machte sich mehr und mehr Feinde. Seine Frau, die ihm die Söhne Alexander und Rufus geboren hatte (er hatte bewußt diese unjüdischen Namen gewählt, einen aus der römischen, einen aus der griechischen Welt, um darin seiner empfundenen Fremdlingschaft im eigenen Land Ausdruck zu verleihen) — seine Frau hatte er von Herzen geliebt, mit ihr gab es Einverständnis, aber diese Frau wurde ihm genommen, mit jener törichten und hitzigen Gewalttätigkeit, die hierzulande immer wieder aufbrach wie eiterndes Geschwür an einem kranken Körper. Sie war mit anderen in die Hände von Aufständischen gefallen, es war lächerlich und grausam zugleich, man warf ihr Spitzeldienste für die Römer vor, verurteilte sie standrechtlich und brachte sie um: im Namen des Volkes und Gott zur Ehre.

Simon hatte sich daraufhin bemüht, die Täter ausfindig zu machen, aber er war nur an Wände des Schweigens gestoßen. Er lernte es endgültig, allein zu sein.

In den Heiligen Schriften entdeckte er die Bücher der Weisheit, gewann sie lieb und meditierte darüber, draußen in der Einsamkeit seines kleinen Weinbergs. Er fand seine Lebenserfahrungen bestätigt darin. Es ist eitel, sich auf Menschen zu verlassen. Und Freunde sind wie ein verlorenes Land, dem man träumend nachhängt, aber das man nirgendwo findet, in dem sich nirgends dauerhaft vor Anker gehen läßt. Du bist zurückgeworfen auf dich selber und auf Gott. Der Heimat, nach der dich verlangt, jagst du hoffnungslos nach, es sei denn, du ergründest sie in deinem Innern. Die Welt betört nur und entfremdet. Du mußt sie verlassen. Du mußt ihr entfliehen. Mehr als eine Welt wohnt in dir. Du mußt es lernen, die Länder zu erwandern, die sich auftun auf dem Grund deiner Seele und die Geheimnis über Geheimnis bergen.

Du begreifst die Gottheit nicht, die den Himmel gemacht, die geordnete Harmonie der Gestirne, wenn du sie nicht in dir selber begreifst. Was du mit deinen Händen schaffst, ist nutzlos und vertan. Was du mit den Kräften deiner Seele schaffst, ist von Ewigkeit. Dein Haus ist deine Seele; dort magst du einkehren und verweilen, so kann dir nichts angetan werden, was dich verletzt oder tötet . . .

Simon warf die Tasche mit seinen Gerätschaften über die Schulter, beugte sich noch einmal nieder, küßte die Erde, erhob sich wieder und wandte sich der Stadt zu. Er ging über einen schmalen Pfad, vorbei an Feldern und Weinbergen, die ausgedehnter waren als seiner, bis er auf die befestigte Straße gelangte, die erst ins Tal hinunter und dann im Bogen nach Jerusalem hinaufführte. Simon wanderte langsam wie gewöhnlich, den Blick gesenkt und Gedanken nachhängend, die dem Fest galten, das droben in der Stadt begangen wurde und an dem er nicht teilnehmen mochte. Er mochte an gar nichts mehr teilnehmen. Man hatte ihn gleichgültig sich selbst überlassen, und er hatte dabei sich selber gefunden, und mehr als das brauchte es nicht. In seinem Herzen lag verborgen die Fülle der Gottheit, außer ihm war nichts als eine leere Welt. Für sie lohnte sich kein Gedanke und keine Bewegung.

Auf der Strecke, die zum Stadttor hinanstieg, kamen sie ihm entgegen: Vorweg ein berittener Soldat, der Mühe hatte, sein Pferd zu bedächtiger, fast feierlicher Gangart zu zügeln. Dann, mit kurzem Abstand, nebeneinander zwei bärtige Gesellen, die ein wuchtiges Holz auf dem Rücken schleppten. Dann Legionäre. Dann eine Lücke — und noch einmal ein Mensch, ebenfalls einen Balken auf der Schulter tragend, mühselig vorwärtsschreitend, von Soldaten begleitet, die ihn teils vorwärtstrieben, teils stützten.

Keine Festtagsprozession, dachte Simon, wahrhaftig nicht; sondern eine Prozession des Todes. Die Richter und Henker nehmen kein Ende, und Opfer finden sich alle Tage. Morgen schon werden sie vergessen sein. Was ihnen vorgeworfen wurde, wofür sie gebüßt und mit dem Leben bezahlt haben — es ist dann schon zu nichts geworden; nichtig wie alles, was Menschen tun und einander antun.

Simon war am Wegrand stehengeblieben und erwartete die kleine Kolonne, die sich näherte und langsam an ihm vorüberzog. Niemand schaute ihn an. Die Legionäre wirkten unbeteiligt, erledigten ihre Aufgabe pflichtgemäß. Die beiden Gefangenen an der Spitze des Zuges starrten trotzig vor sich hin, hielten die Querbalken des Kreuzes fest umklammert über der Schulter, als sei es die letzte Habe, die ihnen gewährt war und nicht wieder abgenommen werden sollte. Eine feinsinnige Maßnahme, dachte Simon, daß man die Verurteilten den Kreuzbalken, an dem sie hängen werden, selbst an den Ort ihrer Hinrichtung tragen läßt. Was für eine abgefeimte, in der Kunst der Menschenquälerei bewandte Phantasie sich solche Regeln ausdenkt!
Der dritte Sträfling, der mit Abstand folgte, gebeugt unter der Last des Holzes, das ihm immerzu von der Schulter herabzugleiten, auf die Straße zu stürzen drohte, stand jetzt still, versuchte anscheinend die Kraft zu sammeln, um seinen Weg fortsetzen zu können. Simon wandte den Blick ab, mochte nicht länger Zuschauer dieses unwürdigen Schauspiels sein.

Und dann hörte er, wie man ihn rief.
Eine befehlende Stimme von einem der Legionäre, die dem erschöpften Mann als Wache beigegeben waren.
Er da, der Bauer, er solle herkommen, hier gebe es Arbeit für ihn.
Bei Gott, er würde sich hüten, sich einzumischen, ausgerechnet bei solcher Gelegenheit!
Ob er taub sei, rief die Stimme. Er möge sich sputen, genug Zeit sei schon vertan, man habe nicht Lust, noch länger zu warten.
Simon empfand das unwiderstehliche Bedürfnis zu fliehen, und er verfluchte insgeheim den Augenblick, der ihn bewogen hatte, aus seinem Weinberg, von seiner Insel aufzubrechen und sich auf den Weg zurück nach Jerusalem zu begeben. Dann war der Soldat schon an seiner Seite, wirbelte ihn zornig herum, riß ihm die Tasche mit den Feldgeräten von der Schulter und schleuderte ihn vorwärts, zu dem Mann mit dem Kreuzbalken hinüber. Er fand keine Zeit, sich zu widersetzen. Dem Verurteilten wurde das Holz unsanft abgenommen, daß er ins Taumeln geriet, und Simon erkannte die Buchstaben der Inschrift, die roh und unregelmäßig in den Stamm des Querholzes gehauen war: INRI. Jesus

Nazarenus Rex Judaeorum. Jesus von Nazareth König der Juden.

Er fühlte, wie das Holz auf seinen Nacken gewuchtet wurde, und es begann gleich, schmerzhaft einzuschneiden ins Fleisch, und der Soldat, der ihn herbeigezerrt hatte, befahl loszumarschieren, stieß ihn, als er sich nicht entschließen mochte und wie benommen auf der Stelle verharrte, mit der Faust aufmunternd in die Seite, faßte den Sträfling, der wortlos dabeigestanden, beim Arm und setzte sich mit ihm in Bewegung.

Simon folgte ihm nach.

Trug sein Kreuz — und folgte ihm nach.

Eine knappe Wegstrecke ging's talwärts, dann bergan auf den Hügel, wo die Todesurteile vollstreckt zu werden pflegten.

Er hatte sich nicht eingemischt in diese Geschichte, war zufällig ganz an ihrem Rand erschienen und unfreiwillig hineingezogen worden, gegen seine Absicht und gegen seinen erklärten Widerstand. Auf seinem Rücken lastete das Holz mit dem Namen eines Menschen, den er nie getroffen hatte, und mit dem ehrwürdigen Titel »König der Juden«. Es war seltsam. Er hatte es gelernt, die Menschen zu meiden, die ihn nur enttäuscht und gedemütigt und angeekelt hatten. Er verachtete sie. Er war vor ihnen zurückgewichen, wie man vor Pestkranken zurückweicht, die nichts als Tod um sich verbreiten. Jetzt wurde er in ihre Mitte hineingepreßt. Unerwartet fand er sich auf einmal in Dienst genommen. In einen Henkersdienst, wie es schien.

Der Mann vor ihm, dem er das Kreuz nachtrug, wandte den Kopf, schaute ihn an, während er weiterschritt. Sein Gesicht wies die Spuren von Mißhandlungen auf, aber es war trotzdem kein von Schmerz und Zorn verdunkeltes, kein verzweifeltes Gesicht. Simon bemerkte es mit Verwunderung, er hatte vorhin, als er vom Wegrand herübergeholt und mit dem Balken beladen worden war, dieses Gesicht nicht beachtet. Jetzt kam es ihm merkwürdig vertraut vor. Er wußte, daß es ihm niemals zuvor begegnet war, und doch erschien es ihm keineswegs fremd in diesem Augenblick, sondern auf eine unmittelbare Weise vertraut und nah. Simon hatte das Gefühl, lesen zu können in diesem Gesicht wie in einem aufgeschlagenen Buch, in das er sich vertiefte, wenn er mit sich allein war, und es kamen ihm, er wußte nicht:

wie, Worte eines Psalms in den Sinn, den er früher gelernt und bei Gottesdiensten in der Synagoge zu Cyrene über alles geliebt, inzwischen aber vergessen hatte:

Wer unter dem Schirm des Höchsten wohnt;
Wer im Schatten des Allmächtigen ruht,
Der darf sprechen zum Herrn:
Meine Zuflucht,
Meine Feste,
Mein Gott, auf den ich vertraue.
Denn er errettet dich aus der Schlinge des Jägers,
Vor Tod und Verderben.
Mit seinem Fittig bedeckt er dich,
Und unter seinen Flügeln
Findest du Zuflucht.
Du brauchst dich nicht zu fürchten
Vor dem Schrecken der Nacht,
Noch vor dem Pfeil,
Der am Tage fliegt,
Nicht vor der Pest,
Die im Finstern einhergeht,
Noch vor der Seuche,
Die am Mittag verwüstet.
Denn deine Zuversicht ist der Herr,
Den Höchsten hast du
Zu deiner Zuflucht gemacht.

Sie waren droben auf dem Hügel eingetroffen, die Soldaten hatten sich schon ans Werk gemacht, die Längsbalken für die Verurteilten waren in die Erde gerammt und stachen wie hagere Finger aufrecht in den Himmel. Simon hatte das Querholz abgeworfen, wollte eilig davongehen, zögerte, wartete unschlüssig ab. Der Mann, dem er das Kreuz nachgetragen hatte, wurde daran festgemacht, er ließ es widerstandslos geschehen, hing jetzt dort über der Erde, den Kopf erschöpft auf die Brust geneigt. Seine Arme waren nach beiden Seiten hin weit ausgespannt.
Beinahe ist es, als ob er einen Segen spende, dachte Simon; drehte sich um und wanderte langsam heimwärts, hinunter in die Stadt.

# Petrus

*Der Hahn wird zum Symbol. Warum? Könnte*
*Jesus nicht einfach sagen: Ehe es Morgen wird,*
*wirst du mich dreimal verraten haben? Aber er*
*wählt das Gleichnis vom Hahn, denn damit*
*wird auf eine liturgische Formel angespielt, die*
*erste Benediktion im Morgengebet: »Gelobt*
*seist du, Herr unser Gott, König der Welt, der*
*dem Hahn die Vernunft verliehen hat, zwi-*
*schen Tag und Nacht zu unterscheiden.«*

SCHALOM BEN-CHORIN

».. . und er ging hinaus und weinte bitterlich.«
Den Hof des hohenpriesterlichen Palastes hatte er wortlos verlassen. Diese nächtliche Gesellschaft ums wärmende Feuer, ein
paar Leute der Wachmannschaft, ein paar muntere Mägde aus
dem Gesinde des Hauses, die neugierig dazugestoßen waren. Die
Soldaten hatten unbekümmert von der geheimen Mission erzählt, die sie vorhin erfolgreich durchgeführt hatten. Es sei ein
Kinderspiel gewesen. Die Frauen lauschten gespannt, bewunder-
ten und schmeichelten. Heißes Getränk machte die Runde. Jemand hatte Gebratenes aus der Küche herbeigeschafft. Man war
zu Scherzen aufgelegt: ein kleines Fest. Der Fremde, schien es,
kam ihnen gerade recht, der so vorsichtig zum Tor hereingeschli-
chen war und sich dann verlegen in den Winkeln des Hofs her-
umgedrückt hatte, ängstlich umherspähend, als ob er verbotener-
weise da wäre und jedenfalls dies und das zu verbergen hätte.
Man war rasch übereingekommen, ein wenig Spaß zu treiben mit
ihm, den offensichtlich verängstigten Kauz noch weiter in die
Enge zu treiben, und eine junge Magd war auf ihn zugegangen,
hatte ihn buchstäblich gestellt und angedeutet, daß er hier kein
Unbekannter sei, sie erinnere sich, nicht ganz zweifelsfrei, aber

doch mit einiger Gewißheit, daß sie ihm schon einmal begegnet sein müsse, gar nicht so lange her, vielleicht in Jerusalem, möglich auch in Kapernaum, das sei ihre Heimat, Wohnort der Eltern bisher, da komme sie deshalb vorbei hin und wieder. Und eine zweite Magd, die das Spiel schnell durchschaut und das beifällige Vergnügen der Soldaten erkannt hatte, griff den Faden kunstfertig auf, näherte sich dem Fremden von der anderen Seite, der unschlüssig schien, ob er bleiben oder sich entfernen sollte, und der einstweilen, merkwürdig erregt, sich um die Versicherung mühte, daß hier eine Verwechslung vorliegen müsse, in Kapernaum sei er Zeit seines Lebens niemals gewesen und in Jerusalem auch als Pilger zum Passahfest eigentlich erst seit wenigen Stunden; sie sprach ihn daraufhin leise, lauernd von der Seite an, betonte, daß sie, wenn sie's recht beurteile, ganz sicher sei, sein Gesicht zu kennen, auch die Sprache, diese unverkennbare Eigenart galiläischer Mundart, jawohl galiläisch, und da komme ihr's, natürlich, der Galiläer, den man vorhin über den Hof und in Untersuchungshaft gebracht habe, kein Zweifel, das sei doch dieselbe Herkunft, dieselbe Rotte — nein, keineswegs, alles Irrtum, hatte Petrus dazwischen gerufen, alles falsches verlogenes Zeug, blinde Verdächtigung und: ich kenne den Menschen nicht! bei Gott, habe ihn niemals gesehn! — aber doch, fuhr sie fort, um so unbeirrter in ihn dringend, je verzweifelter sie ihn abwehren, eine Ausflucht suchen sah, während die Soldaten am Feuer sie mit Zurufen ermunterten und sich vergnügt über diese gelungene Posse auf die Schenkel klatschten; verflucht möchte sie sein, rief sie, hätte sie den Mann nicht ganz in der Nähe dieses verhafteten Galiläers gesehen, und nicht nur zufällig in seiner Nähe, sondern beteiligt wie ein Vertrauter, ein sehr naher Vertrauter offenbar, dem Verurteilten persönlich eng verbunden, sie möchte schwören, daß sie sich nicht täusche; und damit habe man ja auch die Erklärung, warum er hier heimlich herumstreiche zur Nacht wie ein anhängliches Tier, das dem verlorenen Herrn auf der Spur ist — nein! Petrus hatte die Hände erhoben, war einen Schritt zurückgewichen, als wollte er sich entziehen und wäre doch wie gebannt auf der Stelle: nein, lauter Verleumdung, als Fremdling habe er sich einfach verirrt in der Stadt, gar nichts weiter, auf der Suche nach seiner Herberge sei er dahergeraten, ein harmloser Festpilger, unbescholten, ahnungslos und noch einmal: diesen Menschen, von dem die Rede sei, bei Gott, er kenne ihn nicht!

Und der Hahn krähte, und das gemeine Spiel war aus. Soldaten und Mägde hockten sich wieder ums Feuer, warfen Scheite nach, ließen die Becher kreisen, hatten den Fremden schon beiseite gelassen, wie Kinder plötzlich ein Spielzeug abtun, das seinen Zweck erfüllt und ihre Phantasie erschöpft hat.

Und Petrus ging langsam hinaus auf die Straße, mit gesenktem Kopf, und weinte. Die Erregung war von ihm abgefallen. Er fühlte sich schwer, unsagbar schwer, aber es war auch wohltuend, daß er weinen konnte, und er ließ es geschehen, wehrte sich nicht dagegen.

Die Dunkelheit draußen nahm ihn auf, beinahe so, wie eine tröstende Mutter ihr verstörtes Kind aufnimmt, schweigend und bergend, ohne Fragen zu stellen, ohne Antwort zu erwarten. Er durfte sich hingeben, jetzt endlich einmal nicht Petrus sein, der Fels, der er nicht war, der aufrechte, widerstandsfähige, unerschütterliche Fels . . .

Als er richtungslos durch die Gasse schritt, in dieser fremden Stadt, der heiligen Stadt Gottes, die doch so verhängnisvolle Ereignisse aufgespart zu haben schien für ihn und für den Meister, sehnte er sich auf einmal fort. Zurück an den See. Ans Wasser, das unentwegt und behaglich mit den Uferkieseln spielte. Zu den Booten, die dort festgezurrt waren am Landeplatz, auf nächtliche Fahrt wartend, wenn die Fischer sie bestiegen, die Netze zurechtgelegt waren, die Ruder eingetaucht wurden und ein Gesang anhob, irgendwo angestimmt, von Boot zu Boot überspringend und die Hoffnung verbreitend auf einen guten Fang. Petrus hob seine Hände, leere, untaugliche Hände jetzt. Damals hatten sie ordentlich zugefaßt, kräftige und geschickte Hände, die ihr Handwerk verstanden und die sich brauchen ließen zu einem Geschäft, das anstrengend, aber auch ergiebig war. Warum war er überhaupt davongegangen? Er war Seinem Ruf gefolgt, hatte die Aufgabe, Fische zu fangen, vertauscht mit der neuen Aufgabe, Menschen zu fangen. Hatte er jemals verstanden, was mit dieser neuen Aufgabe gemeint war? Und hatte er tatsächlich nicht damit gerechnet, daß er scheitern könnte? Einfach versagen? Dem nicht gewachsen sein, was von ihm verlangt werden mochte?

Der Menschensohn muß nach Jerusalem, hatte Jesus gesagt. Er muß viel leiden; muß verfolgt und verraten werden; muß allein gelassen, sich selbst überlassen, verspottet und beschimpft werden und auf jämmerliche Weise zugrundegehn. Muß! Mehrmals hatte er davon geredet, eindringlich, beinahe beschwörend. Sie hatten alle nichts begriffen davon! Keiner hatte etwas begriffen davon. Auch er selber nicht, Petrus. Daß dergleichen geschehen *mußte* — warum denn, in Gottes Namen? Daß sogar er, Petrus, angeblich imstande sein sollte, den Meister zu verleugnen, aus schierer Angst und in dem erbärmlichen Bestreben, seine eigene Haut zu retten — warum? Wie er sich empört hatte, damals, als dies zur Sprache kam! Wie er sich gekränkt, in seiner Ehre verletzt gefühlt hatte! Andere vielleicht, die schwächer waren als er; vielleicht auch welche im Schülerkreis, auf die im Ernstfall nicht unbedingt zu zählen war. Aber er doch nicht, Petrus! Er würde — bei Gott! — nicht umfallen, wo es hieß, standhaft zu bleiben. Er würde sich dazu bekennen, in jeder Lage und vor jedermann, daß Jesus sein Herr und Meister sei und der Christus, der Sohn des lebendigen Gottes.

Nun war dieser Meister, der Christus, hinter den Mauern des hohenpriesterlichen Palastes verschwunden. Aufgespürt und eingefangen wie ein lichtscheuer Geselle. Keiner hatte ihn davor bewahrt. Er selber, Petrus, hatte in einer lächerlichen Anwandlung von Widerstand nach dem kurzen Schwert gegriffen, das er an seiner Seite trug, hatte versucht, den unvermeidlichen Gang der Dinge mit seiner einsamen Waffengewalt zu hemmen. Dann hatte man Jesus bereits in die Mitte genommen, mit aufgepflanzten Speeren und bereit, mit Schwertern dreinzuschlagen, falls das Häuflein von Anhängern sich irgendwelche Anzeichen von Gegenwehr erlauben sollte. Aber keine Hand hatte sich gerührt. Keine Stimme regte sich. Man ließ den Meister abführen. Man ließ das Ungeheuerliche geschehen, daß eine Wachabteilung vom Tempel den Christus aus ihrer Mitte fortholte, und kein Schrei brach los, und der Himmel blieb grau und stumm wie zuvor, und die Schüler drängten sich aneinander, als suchten sie Schutz, wo doch keiner war. Dann war der Spuk auf einmal vorüber. Und er, Petrus, hatte sich aufgerafft, dem Meister, den man vor ihren Augen davongeschleppt hatte, wenigstens zu folgen in einiger Entfernung. Er hatte das dumpfe Gefühl, dabei sein zu müssen, ihn jetzt nicht — unter diesen Umständen — allein lassen zu dürfen, ihm irgendwie beistehn, ihn bestärken zu sollen, ihm zu versichern vielleicht, daß da immerhin noch einer übrig sei, dem er vertrauen dürfe, auf den Verlaß sei auch in der Not, ein Freund ...

Petrus war durch einen engen Torbogen getreten und in eine kleine Gartenanlage gelangt. An einer mit Moos bewachsenen, niedrigen Mauer ließ er sich auf den Boden nieder und streckte sich. Er war müde. Das Erlebnis vorhin im Hof des Palastes hatte ihn tief betroffen gemacht, aber nicht zugrunde gerichtet. Es hatte ihn erschüttert, aber auch eigentümlich entlastet und entspannt. Und es war der spürbare Anfang von Entspannung gewesen, daß er hatte weinen können.

Manche Dinge hatten sich für ihn zurechtgerückt mit einem Mal. Vor allem: der Meister selbst und das Bild, das er von ihm hatte. Dieses war vorher entscheidend geprägt gewesen von der wunderbaren Erscheinung, deren sie — Jakobus, dessen Bruder Johannes und er, Petrus — gewürdigt worden waren, damals im galiläischen Gebirge, nachdem sie mit dem Meister einen Berg erstiegen hatten, anscheinend, die Stille und Abgeschiedenheit zu suchen fürs Gebet; und wo dann auf einmal die Gestalt des Meisters eigentümlich verwandelt war, erleuchtet, es ließ sich nicht anders beschreiben, angerührt vom Himmel, von Gott erfüllt und für Gott geöffnet; wo er, Petrus, dann unbedingt bleiben, das Wunderbare festhalten, über den Augenblick retten wollte und Hütten bauen, Wohnsitze, Tempel, weiß Gott!, nur behalten, was da erschienen war; und wo doch das Geschaute vorüber war im nächsten Augenblick und der Berg und der Himmel und die Gestalt des Meisters unverändert wie ehedem — damals hatte sich trotzdem in ihm selber, in seinem Herzen etwas ereignet, war ihm gewiß geworden, daß dieser Jesus, der verehrte Meister, der verheißene Christus sei, der erhabene Sohn des allmächtigen Gottes.

Der erhabene Sohn des allmächtigen Gottes! Das war sein Bild, das sich ihm eingeprägt hatte und mit dem er den Mann aus Nazareth begleitete, auch nach Jerusalem hinauf. Es paßte durchaus nicht in dieses Bild, daß er hier, in Jerusalem, der Stadt Gottes, allein gelassen, verurteilt und getötet werden sollte.

Aber die Wege, die sie gemeinsam beschritten, nahmen unverkennbar diese Richtung. Nachrichten machten die Runde, daß man mit böser Absicht dem Nazarener auf den Fersen sei. Die Stimmung im Volk schlug, nachdem man seinen Einzug in die Stadt wie einen königlichen Triumphzug begeistert gefeiert hatte, in argwöhnische Zurückhaltung um. Keiner vermochte die Gründe einleuchtend zu erklären. Die Abneigung aus den Kreisen der Priesterschaft und der Pharisäer wurde jetzt uneingeschränkt und öffentlich gegen den Meister zur Schau gestellt. Die Gegner sammelten sich und heckten Pläne aus. Dann ging es unvermutet rasch: der von Jesus selber angekündigte Verrat durch einen seiner Schüler; die Festnahme in Gethsemane, Abführung, Einkerkerung in der Residenz des Hohenpriesters; schlagartig war der Meister allein gelassen. Der erhabene Sohn des allmächtigen Gottes — gefesselt und gedemütigt und vereinsamt.

Und über das schöne Bild, das er aus den Bergen Galiläas, von dieser wunderbaren Erscheinung mitgenommen hatte, schob sich das andere Bild vom Gott, den man verläßt. Der Gott, mit dem man sich verbündet, für eine gewisse Zeit; mit dem man vertraut tut, dem man vielleicht sogar Treue schwört, wenn einem feierlich ums Herz ist und fromme Ergebenheit einen ausfüllt bis zum tiefsten Grund der Seele; und den man anschließend doch wieder verläßt, aus seinem Leben, seiner Welt nachdrücklich herausdrängt unter irgendeinem billigen Vorwand. So wichtig scheint er nicht zu sein: der Gott, den man verläßt. Er ist entbehrlich. Man kann ihn verraten, verleugnen und vergessen. Man kann ihn aus dem Weg räumen lassen, wie man ein unbequemes, lästiges Hindernis aus dem Weg räumt. Man kann ihm Böses antun.
Er selber, Petrus, war beteiligt dabei, weit länger und viel intensiver, als er sich's je hätte träumen lassen vor dieser Erfahrung im Hof des hohenpriesterlichen Palastes. Spätestens drüben, im Garten Gethsemane, hätte es ihm wie Schuppen von den Augen fallen müssen, als der Meister sie bat, wachsam zu sein — wiederum sie drei: ihn selber, Petrus, und die beiden Brüder Jakobus und Johannes; wo er, der erhabene Sohn des allmächtigen Gottes, das erste und einzige Mal nach seiner Erinnerung sich ihnen

gegenüber aufs Bitten verlegte: sie möchten ausharren, geduldig und brüderlich teilnehmen an seiner Not, die er dem Vater offenbaren, mit dem Vater im Himmel bestehen müsse. Aber sie — hatten sich hingelegt, hatten geschlafen. Die Zeit war ihnen einfach zu lang geworden. Sie hatten nicht ausgehalten, hatten sich gehen lassen, hatten ihn dort schon allein gelassen und wußten es nicht. Der Gott, den man verläßt! Weil man müde geworden ist; weil die Kraft nicht reicht; weil man so rasch entmutigt und am Ende ist und weil — wie der Meister seinerseits nachher dazu bemerkte — der Geist zwar willig, das Fleisch dagegen schwach ist.

In Gethsemane war ihm anscheinend noch verborgen geblieben, was sich zwischen ihm, Petrus, und dem Christus zugetragen hatte; jetzt, seit der Begegnung mit den Mägden des Hohenpriesters, war er ernüchtert. Auch er unterschied sich nicht von den andern. Er hatte ihn gleichfalls verlassen: seinen Herrn und seinen Gott. Er hatte sich öffentlich von ihm losgesagt; hatte ihn aufgegeben: bei Gott! ich kenne den Menschen nicht! Das ist der Gott, der mit Worten totgesagt, ohne Worte totgeschwiegen wird. Er hatte keinen Raum in der Herberge, das war mehr als ein Zeichen. Er findet keinen Raum unter Menschen, keinen Raum in den Herzen der Menschen. Die Füchse haben Gruben, die Vögel haben Nester, hatte er einmal gesagt, aber der Menschensohn hat nichts, wo er sein Haupt hinlegen kann. Im Dunkel der Nacht holt man ihn fort von einem verschwiegenen Platz der Stille und des Gebets, wie man einen Wegelagerer fortholt aus seinem Versteck. Er wird abgeschoben, mundtot gemacht, ohne Aufsehen und mit geringen Mitteln zur Strecke gebracht. Der ohnmächtige Gott ist der Gott, den man verläßt.

Petrus schaute von seinem Lager zum Himmel empor. Die Sterne begannen allmählich zu verblassen. Von Osten dämmerte der Morgen herauf. Nichts schien darauf hinzudeuten, daß der schwere Tag des Gerichts anbrach. Im Gesträuch des kleinen Gartens regten sich die ersten Vögel, übten ihre Stimmen. Die Worte Jesu, daß er nach Jerusalem ziehn, viel leiden und verlassen sein und sterben müsse, kamen ihm erneut in den Sinn, ließen ihn nicht mehr los. In diesen Worten war Wahrheit, viel tiefer, als er's früher hatte ahnen können, als er sie im Grunde ratlos vernommen, sich innerlich dagegen verwahrt hatte. Jetzt — endlich

— redeten diese Worte Jesu, und er verstand: Der ohnmächtige Gott, das ist der wahre Gott. Der Gott, den alle Welt verläßt, ist der Gott, der Treue hält ewiglich. Er vergilt nicht Gleiches mit Gleichem, er zahlt nicht heim mit der Münze, die er empfängt: das ist der Ausweis seiner Gnade. Gott kennt seine Menschen, und er erträgt seine Menschen, und die Bereitschaft, seine Menschen zu ertragen, ist die Bereitschaft, an seinen Menschen zu leiden. Auch ihn, Petrus, hatte er ertragen. Mit seinen vollmundigen Sprüchen, mit seinen Gebärden des unerschütterlichen Gefolgsmannes; auch und erst recht, als er anfing zu versagen, in Gethsemane erst, dann anschließend bei den Mägden und Wachtposten des Hohenpriesters. Der Meister hatte es vorher gewußt und ihn nicht verstoßen deshalb. Er hatte geahnt, daß sogar der Erste im Schülerkreis sich von ihm abwenden würde, und blieb ihm gleichwohl zugewandt. Dieser Gott läßt Sünder leben. Er läßt Versager leben. Was er mit sich geschehen läßt, scheint Ohnmacht zu beweisen. Aber auf dem Grunde dieser Ohnmacht erhebt und bewährt sich die Macht der Liebe, die stark, übermächtig stark ist im Ertragen. Sie erträgt viel, diese Liebe Gottes, dachte Petrus: die Lüge, die man zu einem Netz gesponnen hat, um den Christus darin zu fangen und zu ersticken; die Gedankenlosigkeit im Volk, womit man Ereignisse stillschweigend zuläßt, die zum Himmel schreien; nicht zuletzt mein eigenes Versagen. Sie erträgt wahrhaftig viel, diese Liebe Gottes; vielleicht auch mich.

Petrus erhob sich langsam, reckte die Glieder, um die Nachtsteife aus ihnen zu vertreiben, trat hinaus auf die Gasse und lenkte seine Schritte stadteinwärts. Schmucklose Häuser säumten den Weg, stumm und mit verschlossenen Fenstern, als ob sie schliefen. Nichts in der Stadt bewegte sich. Kein Mensch begegnete ihm. Petrus sah, wie das Licht der frühen Morgensonne die höher gelegenen Bauten und Dächer allmählich erreichte. Er hörte nichts als den Tritt seiner Füße. Aber er hatte nicht das beklemmende Gefühl, allein zu sein.

# Die Schächer

*»Die wir den Boden bereiten wollten für Freundlichkeit«, dichtete einst Bert Brecht, »konnten selber nicht freundlich sein. Ihr aber, wenn es soweit sein wird, daß der Mensch dem Menschen ein Helfer ist, gedenkt unsrer mit Nachsicht.«*

*Auf solche Nachsicht, auf solche Entsühnung ist alles verantwortliche Handeln mit den Mitteln der Gewalt angewiesen. Wer das vergißt und die Gewalt rechtfertigt, wird gemeingefährlich. Wer das vergißt und nicht zu handeln wagt, macht sich durch Nichthandeln schuldig in einem Maße, das durch keine Wiedergutmachung aufgewogen wird.*

JÜRGEN MOLTMANN

Zwei Männer werden zusammen mit Jesus gekreuzigt. Vermutlich Zeloten, nationalistische Rebellen. Sie sterben auf unterschiedliche Weise: einer von ihnen erlebt eine Umkehr, eine Wende seines Lebens, kurz vor seinem qualvollen Tod.

In den geheimen Kreisen des jüdischen Widerstands hat dieses Ereignis Aufsehen erregt. Hier schien ja einer nicht durchgehalten zu haben bis ans Ende. Der Mann hatte offenbar kapituliert, sich von der Bewegung und ihren Grundsätzen abgewendet und ihr darum Schaden zugefügt. Er war nicht, wie der zweite Zelot am Kreuz, als Held und Märtyrer für die Befreiungsfront gestorben. Seine Wendung zu diesem Mann aus Nazareth bedeutete Abtrünnigkeit von den Wegen und Zielen des politischen Widerstands, dem er doch bis dahin angehangen hatte. Der Rebell war anscheinend weich geworden.

Der Geheimbund der Zeloten leitet daraufhin Nachforschungen ein, die klären sollen, wie es dazu kam. Die Bewegung, die ihr Gesicht zu wahren hat, kann die Geschichte des einen Zeloten, der sein Gesicht verlor, nicht unbereinigt auf sich beruhen lassen. Ein Mitglied des Geheimbundes wird beauftragt, die entsprechende Untersuchung zu führen, Ergebnisse zu sammeln und einen Bericht vorzulegen. Bald darauf unterbreitet Joschua seinen Auftraggebern die erarbeitete Dokumentation:

Ich, Joschua, wurde beauftragt, die näheren Umstände zu prüfen, die sich unmittelbar vor dem Passahfest in Jerusalem bei der Hinrichtung dreier als Rebellen angeklagter Personen auf Golgatha abgespielt haben.

Auszugehen war von der Tatsache, daß die drei Männer, die an Kreuzen nebeneinander aufgehängt wurden, von der römischen Militärjustiz aufrührerischer Machenschaften für schuldig befunden worden waren. Tatsache war ferner, daß zwei der drei Männer, Jochanan und Simon mit Namen, der Mittäterschaft an einem Attentatsversuch auf eine römische Stadtpatrouille für überführt galten; bei diesem Zwischenfall waren drei römische Soldaten getötet worden. Dem dritten Delinquenten, Jesus von Nazareth geheißen, konnten gewaltsame Übergriffe nicht nachgewiesen werden; sie waren nicht einmal Gegenstand der Anklage gewesen. In den Kreisen des Geheimbundes ist im übrigen bekannt, daß dieser Jesus der Organisation »Freiheit von Rom« niemals angehört und offensichtlich auch zu keiner Zeit direkte Kontakte zur zelotischen Bewegung unterhalten hat. Gleichwohl stellte sich alsbald heraus, daß er für den Vorgang auf Golgatha und für das nachfolgende Echo im Volk die Schlüsselfigur gewesen sein dürfte.

Meine Nachforschung unter Augenzeugen des Ereignisses erbrachte eine vergleichsweise exakte Übereinstimmung auch in Einzelheiten. Dem Bericht des römischen Hauptmanns, der das Exekutionskommando zu leiten hatte und der mir bereitwillig Auskunft erteilte, schenke ich das weitestgehende Vertrauen, weil er als unvoreingenommener Beobachter der Szene gelten darf.

Die drei Männer waren an Kreuzen aufgehängt worden, sagte der Hauptmann, entsprechend der römischen Strafanordnung für politische Rebellen. Kreuzigung, das ist bekannt, bedeutet verzögerte und deshalb besonders qualvolle Tötung. Der Gehenkte gibt noch eine ganze Weile Lebenszeichen von sich, kann auch noch reden, wenn auch mit Anstrengung. Im Fall der drei Delinquenten auf Golgatha sei es ebenso gewesen, bestätigte der Römer. Einer von ihnen — es muß Simon gewesen sein — habe sich ausführlich beteiligt an spöttischen Bemerkungen, die Gaffer und Schwätzer drunten dem mittleren Mann am Kreuz, Jesus aus Nazareth, zugedacht hätten. Wenn er der ersehnte König der Juden sei, wie die römische Inschrift über seinem Haupt ausweise, dann solle er doch nicht länger zögern; dann solle er doch etwas unternehmen. Und der Mann neben ihm, Simon, der Zelot, habe das noch eigens unterstrichen und giftig hinzugefügt, der vermeintliche Messias solle doch endlich darangehen, sich selbst zu retten und seine Mitgehenkten dazu. Der Mann in der Mitte, sagte der Römer, habe dies alles schweigend über sich ergehen lassen, so daß man habe meinen können, er sei für eine Antwort bereits zu erschöpft. Statt seiner habe sich dann jedoch der dritte geregt, der Mann auf der andern Seite, Jochanan, und habe den Spötter zur Rechenschaft gezogen. Ob ihm denn alle Furcht vor Gott abhanden gekommen sei, habe er gefragt, daß er da im Angesicht des Todes nichts als beißenden und gehässigen Spott zu äußern wüßte? Was, denke er, sei denn diesem Mann überhaupt vorzuwerfen? Er sei zwar verurteilt, aber doch ohne Schuld. Und das sehr im Unterschied zu ihnen beiden, die ja nicht bestritten hätten und auch nicht gut bestreiten könnten, daß sie in Verfolg einer angeblich gerechten Sache manches auf ihrem Kerbholz hätten. Und dann, sagte der Hauptmann, als der Spott verstummt und gebanntes Schweigen eingetreten sei ringsum, habe der Gehenkte auf der rechten Seite, Jochanan, sich an Jesus gewendet und ihn direkt angesprochen mit den Worten: Jesus, gedenke meiner, wenn du mit deiner Königsherrschaft kommst. Und Jesus habe sich seinerseits seinem Mitgehenkten zugewandt, habe ihn angeschaut und gesagt: Wahrlich, ich sage dir, heute wirst du mit mir im Paradiese sein!

Soweit der Bericht des Hauptmanns, der dem Exekutionskommando auf Golgatha vorstand und an dessen Ausführungen zu zweifeln ich keinen Anlaß sehe.

90

Der nächste Schritt meiner Nachforschungen bezog sich auf nähere Angaben über die zwei Mitglieder des zelotischen Geheimbundes, die mit Jesus aus Nazareth gekreuzigt worden waren. Die Recherchen ergaben, daß beide seit Jahren der Bewegung aktiv zugehörten, Simon zunächst in Galiläa, Jochanan von Anfang an in Jerusalem. Ein mißglückter Übergriff in Galiläa zwang die dortige Zelotengruppe aus Sicherheitsgründen zur Auflösung und zur Neuorganisation an anderer Stelle, und in diesem Zusammenhang muß Simon nach Jerusalem gekommen sein. Bei dem bereits erwähnten Attentat auf eine römische Stadtpatrouille wurden beide gefaßt und in Militärgewahrsam verbracht. Simon wie Jochanan galten in der Bewegung als ausgesucht zuverlässige Kämpfer, entschieden in der Sache, voll Haß gegen die Römer und tief überzeugt, daß der gewaltsame Weg der einzige Weg in die Freiheit sei; ein Weg, den man um Israels und um Gottes willen zu beschreiten habe, koste es auch den einzelnen das Leben. Simon, der Spötter am Kreuz, ist offenbar mit großer Hartnäckigkeit bei dieser Überzeugung geblieben. Er hat die Prinzipien des Zeloten nicht preisgegeben. Er hat sie durchgehalten bis ans Ende. Unbeugsam in seinem Glauben an die gerechte Sache, für die er stritt; unerschütterlich in der Gewißheit, daß er im Recht sei, die andern im Unrecht. Der Rebell der Befreiung gestattet sich auch am Kreuz und in der persönlichen Katastrophe noch keine Anzeichen von Ohnmacht oder Zweifel. — Nur, merkwürdig: Über Simon, den harten und unbeugsamen, der anscheinend das Zeug hatte, zum verehrten Märtyrer und Helden der Bewegung aufzusteigen, über diesen Simon redet man nicht in der Stadt. Die Erkundungen sind eindeutig: Man redet in der Stadt über Jesus aus Nazareth und über den zweiten Zeloten, den Jochanan, von dem es heißt, daß er am Kreuz eine Wende seines Lebens vollzogen habe. Das hat die Menschen unverkennbar tiefer bewegt und beschäftigt: diese Wende des Jochanan; weit mehr als die ungebrochene Prinzipientreue des Simon.

Der Verdacht, Jochanan könne schon vor seiner Verhaftung gewisse — wenn auch lockere — Beziehungen zur Anhängerschaft dieses Jesus aus Nazareth gepflegt haben, ist mir zwar bald gekommen, hat sich jedoch nicht bestätigt. Im Gegenteil: Jochanan war, wie viele Zeloten neben ihm, aus der pharisäischen

Bewegung hervorgegangen und teilte nach wie vor deren Eifer für die strikte Einhaltung des mosaischen Gesetzes. Es gibt nirgendwo Hinweise darauf, daß er nach Art dieses Jesus aus Nazareth die Vorschriften des Gesetzes um einer angeblich höheren und menschlicheren Gerechtigkeit willen gelockert hätte. Wir dürfen annehmen, daß er mit der Person des Jesus erstmalig auf dem Richtplatz von Golgatha zusammengetroffen ist, jedenfalls dort mit ihm zum ersten Mal einen kurzen Wortwechsel geführt hat. Irgendwelche Hinweise in seiner Biographie, die seine Wende am Kreuz erklären könnten, sind nicht auffindbar.

Vielleicht darf ich, Joschua, meinem Bericht einige Mutmaßungen anfügen, die nicht den Anspruch erheben wollen, gesichertes Tatsachenmaterial zu sein:
Beobachter der Kreuzigungsszene haben unabhängig voneinander bezeugt, daß der Nazarener nur ein Wort gesprochen habe, bevor die Sache mit Jochanan geschah. Und zwar sei dies ein Gebetswort gewesen. Mitten hinein in das Aufrichten der Kreuzesbalken, das Hämmern und Fluchen der Soldaten, die launische Spannung der Gaffer, den aufbrechenden Hohn der Oberen — da mitten hinein habe der Nazarener, mit seiner Dornenkrone auf der Stirn und schon angenagelt ans Holz, das Gebetswort gesprochen: »Vater, vergib ihnen, denn sie wissen nicht, was sie tun.« — Ich erlaube mir anzunehmen (wohl wissend, daß ich da nichts beweiskräftig dartun kann), daß hier der Schlüssel für die Wende des Zeloten Jochanan zu suchen ist. Man stelle sich vor: Ein Freiheitskämpfer, der entschlossen bei der Sache war, leidenschaftlich in seinem Verlangen nach Freiheit, radikal in der Wahl seiner Mittel, gerät da am Kreuz in die Sinnkrise seines Lebens, die Krise seiner Hoffnung. Was er gelernt hatte, war Haß gewesen; Haß gegen die Fremden, die das Land erobert hatten und das Volk unterdrückten. Was er angestrebt hatte, war Vergeltung gewesen; Rache und Vergeltung an den Schuldigen, wo immer sich eine Gelegenheit dazu bot. Er hatte dabei auf Gott gebaut, der doch auch sein Volk in die Freiheit führen und nicht unter dem Joch behalten wollte. Und er sah sich von diesem Gott ins Recht gesetzt, nach Kräften zu hassen und zu vergelten, auch zu töten, wenn es sich ergab. Sein Krieg im Untergrund war heiliger Krieg, von Gott gewollt und von Gott gesegnet.

Und dann hängt er da wehrlos am Kreuz: ein Täter der Gewalt und ein Opfer der Gewalt, und die Freiheit, um derentwillen doch alles geschah, war fern, so unerreichbar wie nie zuvor. Und nun begegnet dieser Mann in der Gestalt, im Verhalten, im Wort des Nazareners dem ganz anderen Gott. »Vater«, sagt der gepeinigte, mit Spott überhäufte Jesus aus Nazareth, der nachweislich in seinem Leben gegen keinen die Faust, geschweige denn das Schwert erhoben hatte: »Vater«, sagt er, »vergib ihnen, denn sie wissen nicht, was sie tun.« Ein Gebetswort in der Ohnmacht des Gehenkten; und zugleich in der eigentümlichen Macht der Menschlichkeit und des Gottvertrauens, die auf Jochanan ihre Wirkung nicht verfehlt zu haben scheint. Eine andere Lösung jedenfalls finde ich nicht für seine Wende. Er begegnet einem, der betet für seine Feinde; der fleht um Vergebung für seine Peiniger; der findet ein entschuldigendes Wort für ihren Hohn und ihre Grausamkeit: Sie wissen nicht, was sie tun. — Hatte er denn, Jochanan, gewußt, was er tat? Als er Haß gelernt und Rache geübt und dabei geglaubt hatte, dies sei der rechte Mutterboden, aus dem die Saat der Freiheit aufgehen und wachsen könne? Wußte er wirklich, was er da getan hatte, die Jahre zuvor?

Plötzlich, so will es mir scheinen nach vielen Gesprächen, die ich geführt, und Überlegungen, die ich angestellt habe, plötzlich fand Jochanan sich vor die letzte Wahl gestellt auf dem Hügel von Golgatha. Die Wahl zwischen Simon, dem beharrlichen Zeloten, und Jesus aus Nazareth neben ihm.

Rebellen, dies stand für ihn außer Frage, waren beide, Rebellen für jene Freiheit, welche Gott heraufführen will. Aber sie waren's auf sehr verschiedene Weise und in sehr unterschiedlicher Richtung. Dort: Simon, Rebell des Hasses, Rebell der Rache, wie er, Jochanan, bislang auch. Hier: Jesus, Rebell der Liebe und Rebell der Vergebung. Jochanan hat sich entschieden und unmittelbar vor seinem Ende eine neue Wahl getroffen. Er gab Simon, dem Kampfgefährten aus früheren Tagen, Unrecht und Jesus Recht. Dem Rebell der Liebe, glaubte er, wird die Zukunft gehören. Es wird keine Freiheit geben auf Erden, es sei denn, die Liebe Gottes und die Macht der Vergebung und die Macht der Versöhnung setzen sich durch. Deshalb das letzte Wort des Jochanan, das Wort der vollzogenen Wende: Jesus, gedenke meiner, wenn du mit deiner Königsherrschaft kommst.

# Maria Magdalena

*Für eine wirkliche Lebensbeschreibung ist das Material allzu fragmentarisch. Es leuchten nur die Umrisse ihrer Gestalt auf, vieles bleibt unter einem Schleier verborgen und umgibt Maria Magdalena gleich zu Beginn mit einem Geheimnis. Daß sie eine geheimniserfüllte Gestalt ist, macht sie noch schöner, ist es doch immer das Mysterium, das den Menschen ehrfürchtig stimmt. Die verschiedenen Andeutungen der Überlieferung zusammengerafft, ergeben weit mehr als nur ein impressionistisches Porträt. Je länger man auf ihr Tun schaut, um so intensiver beginnt es zu schimmern. Das religiöse Bild, das man von Maria Magdalena zu vermitteln vermag, skizziert nur einige Stationen aus ihrem Lebensweg. Oft ist jedoch eine Tat oder ein einziges Wort aufschlußreicher und sagt mehr aus als zahlreiche belanglose Vorkommnisse. Nur wenige unnachahmliche Szenen sind von Maria Magdalena überliefert, aber in jeder von ihnen ist sie ganz enthalten.*

WALTER NIGG

Eine Pause war eingetreten.

Stille erfüllte den Raum, der von zwei Lichtern in der Mauernische neben der Fensteröffnung schwach beleuchtet war. Die Frauen saßen im Kreis auf geflochtenen Strohmatten, die sie rundum auf dem gestampften Fußboden ausgebreitet hatten. Sie hatten sich in Decken und Mäntel gehüllt, denn es war kühler geworden zur Nacht. Maria aus Magdala und die Mutter des Joses, die eben erst mit regennassen Kleidern eingetreten waren, hatten ihr Haar aufgelöst, mit Tüchern abgetrocknet und die

Feuerstelle in der Zimmerecke mit Stroh und Holzscheiten in Brand zu setzen begonnen.

Die Frauen hatten Wein und Wasser herbeigeholt, dazu einen runden, flächig gebackenen Brotlaib, stellten alles nebeneinander auf den Boden nieder und versammelten sich darum. Jemand sprach das Gebet zur Mahlzeit. Die Nachbarin ergriff das Brot, segnete es, zerbrach es in einzelne Brocken und verteilte sie in der Runde. Nahm den Krug mit Wein, segnete ihn gleichfalls, goß daraus in einen Becher, füllte Wasser aus der Karaffe hinzu und reichte ihn weiter. Das Brot wurde verzehrt, der Wein getrunken, dann war gesammelte, reglose Stille. Nur das Holz knisterte in der Kaminecke, und draußen trommelte der Regen gleichmäßig auf das Pflaster der Gasse.

Die Stille war eine Einkehr, und sie war eine Wanderung. Nach den aufregenden, stürmisch einander jagenden Erlebnissen des Tages, schon der Tage zuvor, war sie eine Einkehr, wohltuend und wärmend. Aber die Gedanken waren gleichzeitig unterwegs, wanderten noch einmal die Strecken ab, die zurückgelegt wurden, mit Eindrücken und Bildern, die sich dabei aufgetan, auch gewalttätig aufgedrängt hatten und gegen die man sich ohnmächtig, wie ausgeliefert fühlen mußte:

Maria Magdalena sah das Bild des verstorbenen Meisters, wie er in der Gruft des Joseph von Arimathäa sorgfältig auf die Steinbank hingebettet lag. Joseph hatte mit einem Diener den Toten vom Kreuz abgenommen; weiße, kostbare Leinwand lag bereit, den Leichnam einzuhüllen, dann trugen sie ihn in den nahe gelegenen Garten, an dessen äußerstem Ende, überdacht von Obstbäumen, das Grab in einen Kalkfelsen eingelassen war. Maria hatte es im Schein einer Fackel übernommen, den Toten aufzubahren, unterstützt von der Mutter des Joses, die mit ihr gemeinsam der Bitte des Joseph aus Arimathäa gefolgt war, eine rasche und würdige Bestattung des Gehenkten zu besorgen. Sie hatten, dem Brauch entsprechend, seine Hände und Füße mit Streifen aus Leinwand umwickelt. Dann war sie niedergekniet, hatte behutsam das Antlitz des Meisters gereinigt, und es war ihr dabei, als müsse sie nun all die bösartigen Schläge und die giftigen Bespeiungen, denen er ausgesetzt war, mit ihren bloßen Händen fortwischen, ihn für immer befreien davon. Aus einer bauchigen Flasche, die sie mitgebracht hatte, goß sie duftendes Öl auf sein

Haupt, gerade so, wie man einen geschätzten Gast, den man in seinem Hause empfängt, zu salben pflegte; band ihr Haar auf und tupfte seine Stirn, seine Wangen vorsichtig damit ab, als fürchte sie, ihn durch ihre Berührung noch einmal verletzen zu können. Schließlich erhob sie sich wieder, schaute auf dieses Angesicht, das im flackernden Licht der Pechfackel nicht starr und tot, sondern noch einmal von Leben erfüllt zu sein schien; stand dort und wußte nicht, ob sie betete, weinte, in einen Angsttraum verloren war, bis sie einen Arm sacht auf ihrer Schulter spürte und sich widerstandslos wie ein Kind von Joseph aus der Grabkammer ins Freie geleiten ließ. Die beiden Männer rollten ächzend einen Stein, der zum Verschließen der Gruft geeignet war, vor die Öffnung, löschten, um die Stätte unbemerkt verlassen zu können, die Fackel und traten mit den Frauen den Rückweg zur Stadt an. Mit dem Wunsch, daß Gott seinem Volk gnädig sein möge, waren sie auseinandergegangen: Joseph, der vornehme Bürger Jerusalems, Mitglied des Hohen Synhedriums, in sein Haus auf der Höhe; die Frauen zu ihrer kleinen Herberge in der engen, winkligen Herodesstadt.

Maria blickte nachdenklich in die Runde der Vertrauten: ein Rest, der übriggeblieben war. Alles Frauen aus Galiläa, jede mit ihrer eigenen Geschichte, irgendwo mit einem dramatischen Sprung in dieser Lebensgeschichte, der aus alten Verhältnissen heraus und in die Gemeinschaft mit dem Meister hineinführen sollte: Da war Maria, die Mutter des Joses, mit der sie vorhin auf dem Grundstück des Joseph von Arimathäa gewesen war. Johanna, Frau des Chusa, eines einflußreichen und begüterten Beamten in den Diensten des Königs Herodes. Sie und Susanna entstammten der Bevölkerungsschicht, die zu gebieten und zu herrschen gewohnt war, sie hatten das alles preisgegeben und sich für ein Leben in Armut und Heimatlosigkeit entschieden, um Jesus nahe zu sein. Dann war dabei Maria, die Mutter des Jakobus, sowie Maria, die Frau des Klopas, und endlich Salome, die jüngste in ihrem Kreis.

Sie selbst, Maria Magdalena, war in Magdala zu Hause gewesen, nicht weit von Tiberias am Westufer des Sees Genezareth. Magdal Nunaija war der vollständige Ortsname, die Fischburg, und unter denen, die griechisch sprachen, hieß die Stadt Taricheai, die Pökelburg. Es war eine blühende, geschäftige Ortschaft mit der umfangreichsten Fischereiflotte weit und breit. Das Gewerbe mit den Früchten des Sees, Fischfang und Fischverarbeitung, war einträglich, der Handel lebhaft, die Stadt ein Anziehungspunkt für Gäste und Geschäftsleute aus dem Westen und aus hellenistischen Siedlungen des Nordens. Magdala galt als leichtlebig, sorglos, mit beträchtlich verwilderten Sitten. Römer und Griechen waren dort seßhaft geworden unter der einheimischen Bevölkerung, Fremde aus kleinasiatischen Provinzen brachten ihre Gewohnheiten, ihren Lebensstil mit. Außer der Synagoge gab es abseits eine beliebte und berüchtigte Kultstätte des Attis, mit überschwenglichen, exzentrischen Feiern, in denen auch Kultdirnen, meist Sklavinnen von weither, eine maßgebende Rolle spielten. Maria, aus mittellosen Verhältnissen kommend, dazu früh verwaist und der Vormundschaft eines gesinnungslosen, geldhungrigen Verwandten unterstellt, wurde alsbald in das Milieu des Attis-Kultes gezwungen, in diesen Dunstkreis von Rausch und Prostitution und Gesetzlosigkeit. Sie hatte nicht widerstrebt, hatte sich gefügt und die von ihr verlangte Aufgabe gleichgültig erfüllt, indem sie ihr Herz stumpf machte und ihre Seele abzutöten begann.

Das ging so fort über Jahre. Aber dann folgte der Zerfall, rasch und unaufhaltsam. Ihr Körper zehrte ab, sie verweigerte zeitweise jede Nahrungsaufnahme, wurde schwächer, hinfälliger. Die Stumpfheit ihrer Seele, zu der sie sich erzogen hatte, um nicht zu vergehen bei dem Gewerbe, das ihr aufgezwungen war, übertrug sich allmählich auch auf die Verfassung ihres Geistes. Sie sprach nicht mehr, war ganz teilnahmslos geworden. Aber nachts, wenn sie von Träumen aufgeschreckt schien, konnte sie in eine wilde Raserei geraten, mit flammenden Augen, unbändigem Geschrei, konnte auch plötzlich auf die Straße hinausstürzen und an irgendeiner Stelle besinnungslos anrennen, daß sie sich blutig schlug. Der Ziehvater versuchte, ihr mit Grobheiten auszutreiben, was da Böses in sie gefahren sei. Nachbarn rieten, sie unter Aufsicht zu halten, am besten zu binden. Heilkräuter wurden verabreicht, kalte und heiße Umschläge, auch Aderlässe vollzogen, die sie freilich nur weiter schwächten, ihr Befinden nicht besserten. Im Ort hieß es, sie sei von Sinnen, sei von einer Horde schlimmster Dämonen besessen, die sie nun peinigten und zu Tode bringen wollten, man wisse ja auch die Ursache dafür.

Dann hatte eine Frau aus der Nachbarschaft, eine rührende, aufrichtige Person, sich um sie gekümmert; hatte sie gepflegt und an ihrem Lager gewacht und sie begleitet in ihrer Krankheit. Eines Tages endlich, als Maria ein wenig gestärkt schien, hatte die Nachbarin sie ermuntert aufzustehn, sie wolle mit ihr hinüber nach Kapernaum, ein Esel stehe bereit für sie, so werde sie die Wegstrecke bewältigen. In Kapernaum nämlich halte sich zur Zeit ein Prophet auf, ein Mann mit wunderbaren Gaben, Jesus von Nazareth mit Namen, von dem seien Vorgänge bezeugt, die in der Kraft Gottes geschehen sein müßten, Kranke habe er mehr als einmal auf unerklärliche Weise gesund werden lassen. Den wollten sie gemeinsam aufsuchen. Wenn überhaupt Hilfe sei für ihren armen Leib, ihre arme Seele, dann dort. Es müsse ihnen gelingen, Kapernaum zu erreichen.

Maria hatte zugestimmt, und sie hatten die beschwerliche Reise nach Kapernaum angetreten. Sie waren eben auf dem Markt eingetroffen, machten Anstalten, sich nach einer günstigen Herberge zu erkundigen, als die Nachbarin plötzlich aufhorchte, sich umwandte und auf eine Gasse zeigte, die in den Marktplatz ausmündete. Eine Traube von Menschen näherte sich langsam, bedrängte einen Mann in der Mitte, bemüht, seine Hände zu fassen, sein Gewand zu berühren, ein Wort von seinen Lippen aufzunehmen; einige Leute aus seiner Gefolgschaft schirmten ihn notdürftig ab. Das mußte er sein, der Prophet aus Nazareth, um dessentwillen sie diese mühsame und lebensgefährliche Reise gewagt hatten. Maria beobachtete gespannt, wie die Gruppe auf dem Markt anlangte. Dann liefen auf einmal zwei Frauen herbei, offenbar Fischersfrauen vom Seeufer in ihren klebrigen, stinkenden Arbeitskleidern und mit ihren nackten Kindern auf dem Arm. Als sie die Ansammlung erreicht hatten, hielten sie ihre greinenden, von der Hast der Mütter und vom Gedränge ringsum verstörten Kinder in die Höhe und riefen lautstark, der Mann aus Nazareth möge barmherzig sein, er möge diese Kinder anschauen und berühren und segnen. Worauf sich Unmut breit machte unter den versammelten Menschen, man rügte die Frauen, und Schüler Jesu traten vor, nannten sie schamlos und dreist und stießen und schoben die Frauen, daß sie den Platz verlassen und möglichst rasch und unauffällig in ihre Hütten am See zurückkehren sollten. Aber dann schaffte Jesus sich Raum, schritt auf die Streitenden zu, erklärte den Schülern, daß er betroffen sei, wie wenig sie zu unterscheiden vermöchten zwischen dem öffentlichen Gebaren und der geheimen Not eines Menschen, zwischen seiner Leidenschaft und seinem Leiden; redete den Frauen freundlich zu, die inzwischen selber erschrocken schienen über ihr ungestümes Verhalten, und segnete die Kinder auf ihren Armen. Laßt die Kinder zu mir kommen, sagte er dazu, wehrt sie nicht ab, ihnen gehört das Reich Gottes. Und wer nicht dazu findet, das Reich Gottes anzunehmen wie ein Kind, der wird es niemals erreichen.

Als Maria mit ihm damals auf dem Markt von Kapernaum zusammengetroffen war, ahnte sie nicht, was er ihr einmal bedeuten werde. Jetzt, weniger als ein Jahr darauf, war er schon tot. Sie hatte geholfen, ihn zu Grabe zu tragen. Ihn, der sie selber wie aus einem dumpfen, tödlichen Grabe hervorgeholt und zum Leben aufgeweckt, zu der Würde eines Menschen aufgerichtet hatte.
Das war nicht mit einem Schritt getan. Sie hatte sich ihm anfangs auch keineswegs anvertrauen mögen, war eher mißtrauisch gewesen, hatte sich zwar von der guten Nachbarin aus Magdala wie ein Kind bei der Hand nehmen, vor ihn hinstellen und ähnlich wie bei den Fischersfrauen zuvor seine Barmherzigkeit und seinen Segen über sich erbitten lassen. Aber sie hatte sich eigentümlich geschämt dabei. Sie hatte sich die Kraft gewünscht, davonlaufen und nie wieder unter Menschen zurückkehren zu können. Aber sie wußte auch, daß sie schwach war wie ein Kind. Unbeholfen, wehrlos, aufs Erbarmen anderer uneingeschränkt angewiesen wie ein Kind. Laßt die Kinder zu mir kommen, hatte er gesagt, die Worte hatten wie ein weites, freundliches Echo fortgeklungen in ihr; haltet Kinder nicht fern von mir, denn ihnen gehört das Reich Gottes.
Es war ihr nicht verborgen geblieben, daß er sie angesehen hatte, obwohl sie ihre Augen scheu und verstört zu Boden gesenkt hielt. Er war ihr nicht ausgewichen, hatte sich nicht mit einer wegwerfenden Geste über sie hinweggesetzt, als er erkennen mußte, was für eine Frau sie war. Sie hatte das beklemmende Gefühl, vor

ihm nichts verbergen zu können von dem, was ihr Leben geprägt und verunstaltet hatte, gerade so, als malte sich in brutaler Anschaulichkeit auf ihrer Miene, ihren Händen, ihren Kleidern der ganze häßliche und verhaßte Lebenswandel vergangener Jahre ab.

Aber er hatte sie nicht verstoßen. Hatte sie vielmehr mitgenommen, einfach bei seiner Hand genommen, wie zuvor die Nachbarsfrau aus Magdala sie bei der Hand gefaßt und zu ihm geführt hatte. Und dann war sie bei ihm geblieben und bei den Schülern, die ihn begleiteten. Sie wurde ohne Umschweife einbezogen in ihre Versammlungen, ihre Gespräche, durfte in der Nähe des Meisters bleiben, ihn hören, mit ihm reden und begann zu erwachen und zu leben. Es war ein allmählicher, aber stetiger Vorgang. Wie eine langsame Genesung aus tödlicher Krankheit. Die Hinfälligkeit ihres Körpers schwand, sie empfand Tag um Tag mehr, wie sie zu Kräften kam. Ihre ängstliche Scheu, mit der sie am liebsten aus der Gegenwart von Menschen geflohen und in irgendeinen dunklen Winkel gekrochen wäre, um unsichtbar zu erscheinen, legte sie nach und nach ab. Sie war eine Dirne gewesen und hatte sich gefügt. Von ihrem Herrn kannte sie nichts außer Beschimpfung und Mißhandlung, sie war es gewohnt, daß ihr Leib um Geld gehandelt und vermietet wurde, ein Stück beweglichen, zum Tausch befähigten Eigentums, mit dem der rüde Besitzer nach Belieben verfuhr. Nach ihren Wünschen, gar ihren Träumen hatte niemand gefragt. Menschliche Empfindungen wurden ihr nicht zugetraut. Sie war ein mäßig wertvoller Gegenstand, und Gegenstände sind tot. Wenn sie mit Schmerzen zur Nacht auf ihr Strohlager kroch und ihren Leib zusammenkrümmte, sank sie rasch in schweren, betäubten Schlaf. Weil es schon lange keinen mehr gab, der ihr auch nur mit geringfügigen Zeichen der Achtung begegnet wäre, hatte sie aufgehört, sich selbst zu achten. Sie vergaß ihre persönliche Geschichte, tilgte Erinnerungen, zumal die guten und deshalb qualvollen Erinnerungen an ihre Kindheit aus ihrem Bewußtsein und gab sich gleichgültig, selbstvergessen ihrer unfreiwilligen Pflicht hin: ein lebloses, verachtetes Werkzeug.

Im Schülerkreis des Meisters aus Nazareth erwarb sie das Leben neu, das längst in ihr erloschen schien. Dort war sie kein ehrloser, mit Schimpf und Schande belasteter Gegenstand, vom Augenblick ihrer ersten Zusammenkunft auf dem Markt von Kapernaum an war sie's nicht gewesen. Man hatte sie eingeladen, nicht genötigt, wie sie es gewohnt war. Man redete mit ihr, schaute sie an, lächelte ihr zu und vor allem: stellte kein Verhör an mit ihr, durchwühlte nicht neugierig alle Winkel ihrer Vergangenheit, verlangte keine Rechenschaft. Sie war unversehens eine von ihnen, kein Fremdling, nicht einmal Gast, sondern Freund. In der Gemeinschaft des Nazareners erfuhr sie Vergebung, erlebte sie Auferstehung. Sie erlebte die Empfindsamkeit ihres Leibes ganz neu und die Empfänglichkeit ihrer Seele. Sie hatte nicht mehr das angstvolle Bedürfnis, sich allein und unentdeckt ins Dunkle zurückzuziehen, sondern begann, das Licht zu lieben, die Anmut des Landes, der Orte am See wahrzunehmen, mit der Schöpfung versöhnt zu sein, die sie umgab. Menschen, mit denen sie zusammentraf, ging sie nicht länger verwirrt aus dem Weg, konnte sich ihnen zuwenden, in ihren Gesichtern, ihren Augen lesen, die Not und Sorge nachempfinden, die sich dort abzeichneten, und ausharren dabei, nicht davonlaufen, den Meister vielleicht um seinen Rat, seine Hilfe bitten. Maria hatte sich verwandelt, war vom Tod zum Leben erwacht. Befreit von sieben Dämonen, die sie befallen und in ihr gewütet hatten, wie die Leute am See gerne sagten.

Die Frauen hatten beschlossen, diese Nacht noch einmal gemeinsam zu verbringen. Am nächsten Morgen wollten sie sich trennen. Denn es schien unklug, in der Gruppe beisammenzubleiben in Jerusalem, es war kaum zu erwarten, daß die Behörden mit ihrer unerledigten Angst vor Konspiration ihre Anwesenheit in der Stadt länger dulden würden. Einstweilen hatte man sie gnädig verschont, besser: geringschätzig übersehen. Sie waren ja Frauen, die im öffentlichen Leben eine gesteigerte Aufmerksamkeit nicht verdienten. Man wußte von ihrer engen Verbindung zu dem verurteilten Jesus aus Nazareth, kannte ihr Nachtquartier in der Herodesstadt, war selbstverständlich im Bilde darüber, daß sie der Hinrichtung auf Golgatha beigewohnt hatten. Aber man hatte bislang darauf verzichtet, irgendwelche Maßnahmen gegen sie zu ergreifen. Man ignorierte sie. Die Frauen freilich rechneten sich aus, daß diese Einstellung nicht von Dauer sein werde. Besonders dann, wenn in den kommenden Tagen hier und da Komplikationen auftreten und die Geschichte mit dem galiläischen Propheten sich als nicht vollends bereinigt und vergessen erweisen sollte. Man würde Schuldige suchen und finden. Man würde die hochmütige, überlegene Zurückhaltung den Frauen gegenüber aufgeben, sie ergreifen, verhaften, vor Gericht ziehen. Wie schnell das ablaufen konnte, wußten sie jetzt. Nein, es wäre töricht, sich den Häschern ungeschützt auszuliefern: ein sinnloses Martyrium, das auch der Meister nicht gutgeheißen hätte. Sie wollten sich deshalb zerstreuen am anderen Tag, einige heimkehren nach Galiläa, wo man vor Nachstellungen sicherer war und wo sich Verbindungen mit Freunden aus dem Schülerkreis, die nach den Ereignissen in Gethsemane geflohen waren, anknüpfen ließen. Andere, unter ihnen Maria aus Magdala, wollten sich, so gut es ging, in Jerusalem verbergen.

Nun begingen sie, ungewiß, was die Zukunft für sie aufgespart haben werde, die Nacht der Trauer miteinander. Niemand klagte laut. Sie saßen im Kreis, schweigend wie in einem lang anhaltenden Gebet, das über die Grenzerfahrungen von Zeit und Raum hinausträgt; waren jede für sich und erlebten zugleich die Gemeinschaft und ließen es dankbar geschehen, wenn eine unter ihnen einen Psalm sprach oder ein hoffnungsvolles Prophetenwort. Sie empfanden keine Müdigkeit, sondern durchwachten gemeinsam die Nacht, bis das Licht in den Öllämpchen spärlicher wurde und der Morgen durch die engen Fensterschlitze hereindämmerte.

Der Tag brachte einen Abschied ohne Tränen, raschen Aufbruch, Wünsche für gute Wegfahrt und ein Wiedersehen in Galiläa. Maria streifte anschließend in den Gassen umher, nahezu ziellos, aber auch in der Hoffnung, den Aufenthalt des Petrus erforschen zu können, über den immerhin zu erfahren war, daß er sich irgendwo in der Stadt verborgen halte. Der Kontakt zu ihm war unglücklicherweise abgerissen. Mit Salome und Maria, der Mutter des Jakobus, die ebenfalls vorerst in Jerusalem bleiben wollten, hatte sie tägliche Zusammenkünfte vereinbart, damit man sich nicht aus den Augen verliere. So ließ die Einsamkeit des Tages sich leichter ertragen.

Es war der Sabbat des Passahfestes. Festpilger bevölkerten die

Straßen, standen in Gruppen zusammen, wallfahrteten zum Tempel hinauf. Die Luft war erfüllt von Opfergeruch und Bratenduft und dem herben Aroma der Kräuter, die fürs Mahl zubereitet und zu Wein und Fleisch genossen wurden. Maria fühlte sich fremd unter den Feiernden. Es war ein Fest, aufwendig und intensiv wie alle Jahre, die Tragödie des Vortages schien es an keiner Stelle zu überschatten. Der Nazarener war schon Vergangenheit mit seinem Geschick. In Gesprächen, von denen sie Bruchstücke im Vorübergehn auffangen konnte, war nicht die Rede von ihm. Sein Leben war ausgelöscht, sein Ruhm zerstoben wie eine Handvoll Spreu im Wind. Menschen vergessen schnell. Sie wachen auf in der Frühe und widmen ihre Aufmerksamkeit den Genüssen und Leiden des anbrechenden Tages, nicht den versäumten Gelegenheiten, der Schmach und Schande von gestern. Um am Leben zu bleiben, würgt man die Erinnerung ab. Denn in der Erinnerung melden sich Schuld und Versagen, sind Trauer und Tod.

Gegen Abend traf Maria am vereinbarten Ort mit Salome und der Mutter des Jakobus zusammen. Keine von ihnen war Petrus begegnet, allerdings gab es neue, glaubwürdige Nachrichten über seinen Verbleib in der Stadt. Die Frauen verabredeten sich für den folgenden Morgen, sie wollten die Grabstätte des Meisters besuchen, sehr früh, noch vor Sonnenaufgang, um möglichen Verfolgern, die ihnen an verdächtiger Stelle auflauern könnten, zuvorzukommen. Sie wollten Blumen mitbringen und Grabbeigaben aus duftenden Essenzen, Salben, Gewürzen und getrockneten Kräutern, die sie in der Eile der Bestattung nicht zur Hand gehabt hatten. Nun vereinbarten sie Platz und Zeit ihrer Zusammenkunft und gingen für die Nacht auseinander.

Im Morgengrauen des nächsten Tages verließen sie die ummauerte Stadt, unbehelligt durch die Wache am Tor, und wanderten hinüber zum Garten des Joseph aus Arimathäa, unterhalb des Hügels Golgatha. Maria fühlte sich eigentümlich erregt, zum ersten Mal seit dem Tag des Gerichts über Jesus aus Nazareth, in ihre schwermütige Trauer mischte sich etwas von unruhiger Erwartung, deren Ursprung ihr unerfindlich war. Sie hatte ihre Begleiterinnen beobachtet, die schweigend neben ihr schritten, aber keine Klarheit über deren Gemütsverfassung gewonnen; sie wirkten undurchdringlich, in sich gekehrt. Zögernd fragte nach einer Weile Salome, wie sie's wohl anstellen möchten mit ihren geringen Kräften, den wuchtigen Stein von der Graböffnung fortzuwälzen, um ihre Gaben neben dem Toten niederzulegen. Man werde sehn, erwiderte Maria, mehr sich selbst als Salome mit ihrer Antwort beschwichtigend.

Die Sonne war inzwischen über den Hügeln im Osten aufgestiegen und goß verschwenderisch rotgoldene Farbe über das zerklüftete Land und den karstigen Boden, fertigte Sträuchern und Bäumen lange Schattenschleppen an. Die Frauen hatten das Gartengelände des Joseph erreicht, Maria, in gesteigerter Unruhe, war vorausgeeilt, sie wußte selbst nicht, warum.

Dann stand sie plötzlich, unbewegt und außer Atem, wie festgebannt. Sie hatte das Bedürfnis, sich anzuklammern an einen Halt, einen Grund zu finden, damit sie nicht stürze, unversehens eintauche ins Bodenlose. Vor ihr erhob sich der Fels mit der Gruft in seiner Mitte — aber der Einlaß war unverschlossen, der mächtige Stein, der ihnen nach der Bestattung des Meisters als Versatzstück gedient hatte, die Grabstätte zu versiegeln gegen Tiere und ungebetene, heimliche Besucher, lag abseits in einer Mulde; unerklärlich, von welchen Urhebern, welchen Kräften er dorthin befördert worden war.

Maria ergriff die Hände ihrer Begleiterinnen, die sich genähert und gleichfalls beim Anblick der Felsengruft wie gelähmt innegehalten hatten. Endlich nickten sie einander zu, schöpften Mut aneinander und lenkten ihre Schritte behutsam, beinahe tastend zum Einlaß der Grabstätte. Maria meinte, auf einem unwegsamen Grat zwischen Leben und Tod, Himmel und Hölle zu wandeln. Sie vermochte ihre Gedanken nicht zu ordnen, die in einen verwirrenden und betäubenden Strudel geraten waren und sie trotzdem auf eine sonderbare Weise hellwach, überwach sein ließen. Im Innern der Gruft umfing sie zunächst Dunkelheit, ihre Augen, ans Sonnenlicht gewöhnt, waren unfähig, etwas wahrzunehmen, Einzelheiten zu unterscheiden. Dann meinten sie, eine weiße Fläche zu erkennen, die Umrisse einer Gestalt, darauf eine Stimme, wie aus unendlicher Ferne und doch vernehmbar, mit verständlichen Worten: Seid ohne Furcht, sagte die Stimme; ihr sucht Jesus aus Nazareth, den man gekreuzigt hat. Aber er ist nicht hier. Gott hat ihn auferweckt. Seht da den Ort, wo ihr selbst ihn bestattet habt. Er ist leer. Darum geht. Sagt es den Jüngern: Man sucht den Lebendigen nicht bei den Toten!

Einen Augenblick hatten die Hände der Frauen sich ineinander verkrallt, dann hatten sie sich jäh losgelassen, waren hinausgestürzt aus der Gruft, ans Licht, an den Tag, mit entsetzten, fassungslosen Gesichtern. Sie liefen hastig über den holprigen Weg zum Gartenausgang, hier und da strauchelnd, ohne den Blick noch einmal umzuwenden. Erst draußen, jenseits der Talsohle, wo's wieder bergan zur Stadt hinaufging, hielten sie ein, sanken erschöpft auf den Boden. Sie wagten es kaum, sich gegenseitig anzusehen, aus Furcht, eine unbegreifliche Veränderung könnte sie selber erreicht und einander entfremdet haben. Ihre Stimmen versagten, nur der Atem keuchte, kein Wort wurde gesprochen.

Maria fühlte sich überwältigt von einem Erlebnis, dem sie nicht gewachsen war. Sie hatte keine Bilder, keine Begriffe dafür. Das hatte sich übermächtig über sie geworfen, und sie meinte, leibhaftig erdrückt zu werden davon, zu ersticken daran. Denn das Unerhörte macht nicht allein sprachlos. Es macht hilflos. Es ist imstande zu töten. Maria hatte es eben mit Schrecken erlebt, daß sich das Unerhörte nicht einfach aufnehmen, im Gedächtnis speichern und als gute oder böse Nachricht beliebig verbreiten läßt; daß ihm vielmehr eine Gewalt innewohnt, reale, umwerfende Gewalt, vor der man erbeben und erzittern muß.

Aber ist das nicht Gott, der tötet und der lebendig macht? dachte Maria, als sie wieder fähig war, sich ein wenig zu sammeln. Ist das nicht Gott, der Macht hat, aus dem Staub zu erheben? Was niedrig ist oder niedrig gemacht ist von Menschen: kann Gott es nicht aufrichten, erhöhen, zu sich ziehen? Etwas davon war doch auch lebendige, überraschende Erfahrung in ihrer persönlichen Geschichte. Sie war selbst verloren gewesen und tot, in der mörderischen Gewalt von sieben Dämonen, wie es hieß, und sie hatte eine Heimkehr ins Leben gefunden, eine Auferstehung aus dem Tod. Die Worte, die sie vorhin in der Grabstätte des Meisters vernommen hatte, unerhörte Worte, waren ihr geblieben, obwohl sie zu vergehen glaubte unter ihnen. Jetzt klangen sie eindrücklich nach in ihr, füllten sie förmlich aus. Es waren Worte vom Leben, Worte vom Auferstehn. Worte von Jesus, dem Meister, den sie geliebt und zu Grabe getragen hatten. Worte von Gott.

Maria richtete sich auf, fühlte, daß die Last des Erlebnisses in der Gruft von ihr abzufallen und neue Kraft ihr zuzuwachsen begann. Sie half den Begleiterinnen, auf die Füße zu kommen, umarmte sie wortlos und wandte sich mit ihnen der erwachenden Stadt zu, deren Mauern und Zinnen einladend und freundlich in der Morgensonne glänzten.

Es war Ostern geworden.

# ANHANG

Anstöße zu einer erzählenden Theologie

## Einige Lesefrüchte

Die Versöhnung ist Geschichte. Wer sie kennen will, muß sie als solche kennen. Wer ihr nachdenken will, muß ihr als solcher nachdenken. Wer von ihr reden will, muß sie als Geschichte erzählen.
Karl Barth, Kirchliche Dogmatik IV/1, Zürich 1960, S. 171

Jesus von Nazareth tritt uns vornehmlich als erzählte Person, häufig auch als erzählter Erzähler entgegen ... Das Christentum ist eine Erzählgemeinschaft.
Harald Weinrich, Narrative Theologie, in: Concilium 9/1973, S. 330

Die Welt ist in bezug auf Gott erinnerungslos. Sie kann auf ihre Weise vom Tode Gottes reden und verrät damit ihre Vergeßlichkeit: nicht Gott ist tot, wohl aber das Gedenken Gottes! Darum muß erinnert, erzählt werden.
Rudolf Bohren, Predigtlehre, München 1971, S. 182

Gott läßt sich nicht abstrakt definieren; von Gott kann man nur konkret erzählen. Was nicht erzählbar ist von Gott, das zählt nicht in der Theologie.
Mit dem Begriff »Erzählkunst« verbindet sich der Gedanke an dramatische Spannung, dichterische Phantasie, schöpferische Einbildungskraft und liebliche Poesie — lauter Dinge und Eigenschaften, die wir in der

protestantischen Theologie deutscher Zunge heute leider häufig vermissen. Darum kann ich das bekannte Bonmot des jungen Harnack, die Dogmatiker zur »schönen Literatur« zu stellen, im Unterschied zu ihm selbst auch nicht ironisch verstehen, sondern nur sachlich als ein dringendes theologisches Erfordernis unserer Zeit und im Falle seiner Erfüllung als eine Auszeichnung der Theologie . . .

Wo die Theologie von Gott zu *erzählen* aufhört, dort muß man befürchten, daß sie Gott auch zu *erfahren* aufgehört hat . . . Wo sich die Theologie hingegen als kritische Erzählkunst des Glaubens versteht, dort wird der Zeitgenosse, statt nur dogmatisch angepredigt bzw. moralisch angefeuert zu werden, eingeladen, sich als aktiver Partner an einem gemeinsamen Erfahrungsaustausch zu beteiligen und seinerseits die von ihm gemachten — gleichen oder gegenteiligen — Erfahrungen mit Gott und der Welt auszusprechen. Theologie als Erzählkunst des Glaubens meint mithin keinen elitär-aristokratischen Monolog frommer Seelen unter sich, sondern den populär-demokratischen Dialog zwischen Zeitgenossen, die an Gott glauben, und solchen, die es gleichfalls noch oder nicht mehr tun.

Heinz Zahrnt, Religiöse Aspekte gegenwärtiger Welt- und Lebenserfahrung, in: Zeitschrift für Theologie und Kirche 71 (1974), S. 110-113

Eine Theologie, der die Kategorie des Erzählens abhanden gekommen ist oder die das Erzählen als vorkritische Ausdrucksform theoretisch ächtet, kann die »eigentlichen« und »ursprünglichen« Erfahrungen des Glaubens nur abdrängen in die Ungegenständlichkeit und Sprachlosigkeit . . .

Johann Baptist Metz, Kleine Apologie des Erzählens, in: Concilium 9/ 1973, S. 335

Gottes Menschlichkeit führt sich erzählend in die Welt ein. Jesus erzählte in Gleichnissen von Gott, bevor er dann selber als Gleichnis Gottes verkündigt wurde . . .

Das Denken, das Gott verstehen will, wird deshalb immer wieder auf das Erzählen zurückgeworfen. Der Gottesgedanke kann nur als — begrifflich kontrollierte — Erzählung von Geschichte gedacht werden. Will das Denken Gott denken, muß es sich im Erzählen versuchen . . . Der Menschlichkeit Gottes vermag der Mensch sprachlich nur dadurch zu entsprechen, daß er sie *stets aufs neue* erzählt. Er erkennt damit an, daß Gottes Menschlichkeit auch als *geschehene* Geschichte nicht aufhört, *geschehende* Geschichte zu sein, weil Gott Subjekt seiner eigenen Geschichte bleibt . . .

Im Unterschied zur Beliebigkeit des Fabulierens, im Unterschied aber

auch zur Notwendigkeit des Begriffs ist das Erzählen eine bezwingende Rede, in der es dazu kommen soll, daß vergangene Geschichte ihre eigensten Möglichkeiten aufs neue freisetzt. Werden diese Möglichkeiten nicht freigesetzt, dann war das Erzählen des Wirklichen rücksichtslos gegen das Mögliche und hat die Geschichtlichkeit der dann eben ungeschichtlich erzählten Wirklichkeit und mit deren Geschichtlichkeit zugleich das Wesen des Erzählens selber verfehlt . . . Man wird es deshalb gar nicht hoch genug veranschlagen können, daß in der *christlichen Kirche* — als creatura verbi und als congregatio sanctorum, in qua evangelium pure docetur — eine *Institution des Erzählens* existiert, die selber (als Kirche) dadurch und nur dadurch erhalten wird, daß sie jene gefährliche Geschichte Gottes weitererzählt. Die Kirche wird nur dadurch erhalten, daß sie dieses Erzählen erhält. Sie wird dabei der post-narrativen Situation des technischen Zeitalters hermeneutisch Rechnung zu tragen haben, um neue Weisen ansprechenden Erzählens zu finden. Sie kann dieser Situation aber nicht dadurch Rechnung tragen, daß sie das Erzählen abbricht. Vielmehr kann die Kirche als Institution des Erzählens ihrer Aufgabe nur gerecht werden, wenn sie das Erzählen selber reflektiert, um dann in einer »zweiten Naivität« zur intentio recta des Erzählens zurückzukehren.
Eberhard Jüngel, Gott als Geheimnis der Welt, Tübingen 1977, S. 413 bis 427

Anders als z.B. Paulus haben die Evangelisten von Jesus als dem Christus *erzählt*. Diese Entscheidung der Evangelisten ist von jenen mit vorbereitet worden, die ihnen ihre Erzählstücke überlieferten. Alles, was über Jesus geschrieben worden ist, kommt von der Ostererfahrung der ersten Christen her: Jesus von Nazareth ist der Christus. Gott hat ihn nicht im Tode gelassen. Alle Texte, die von Jesus erzählen, sind dadurch geprägt.
Horst Hirschler, Konkret predigen, Gütersloh 1977, S. 78

In der Christenheit könnte das Kreuzessymbol im Grund nur mit ihr selber absterben — wenn in ihr zugleich die Geschichte des Kreuzes, die es erzählt und zum Symbol gemacht hat, völlig verstummte . . . Aber die Geschichte, die zu ihm gehört, bleibt ihm auf den Fersen, und wo es sie am ungeniertesten verschweigt, da kann sie sich plötzlich kritisch und intensiv in Erinnerung bringen. Die eine Geschichte, die es bezeichnet, ist mit vielen Geschichten verflochten und bringt sie je und je mit. Alle Geschichten der Bibel: ihre Gottesgeschichten und ihre Menschengeschichten, die Israel- und die Jüngergeschichten, die Glaubens- und die Sündergeschichten . . . Sie entspringen aus einer Gottesbeziehung und geben sie zu erkennen und verhindern zugleich, daß diese zu einem fertigen Gottesbild, zu einem abgeschlossenen Gottesbegriff gerinnt. Sie bilden den »God-Talk« der Bibel, sie spiegeln Weisen und Richtungen wider, in denen Gott sich erfahren ließ und läßt, und in denen er dennoch entzogen bleibt.

Werner Jetter, Symbol und Ritual, Göttingen 1978, S. 291

Rabbi Bunam erzählte: »Einmal, unterwegs, nah bei Warschau, empfand ich, ich müsse eine Geschichte erzählen. Die Geschichte war aber weltlicher Art, und ich wußte, sie würde unter den vielen Leuten, die sich um mich versammelt hatten, nur Lachen erregen. Der Böse Trieb redete mir heftig ab: ich würde all die Leute verlieren, denn wenn ich die Geschichte erzählte, würden sie mich nicht mehr für einen Rabbi halten. Ich aber sprach in meinem Herzen: ,Was hast du dich um die geheimen Bestimmungen Gottes zu sorgen?' Und ich gedachte der Worte Rabbi Pinchas' von Korez: ,Die Erlustigungen stammen vom Paradies, sogar die Scherzworte.' So verzichtete ich in meinem Herzen darauf, Rabbi zu sein, und erzählte die Geschichte. Die Versammelten brachen in ein großes Lachen aus. Alle, die mir bisher noch ferngeblieben waren, schlossen sich mir an.«

Martin Buber, Die Erzählungen der Chassidim, Zürich 1949, S. 743f

## Einige Perspektiven

### *Wahrheit in Geschichten*

Erfahrungen verdichten sich in Erzählungen. Erzählungen beziehen sich auf Erfahrungen. Die Bibel ist voll von Erzählungen, weil sie voll ist von ursprünglichen Erfahrungen mit Gott. Wenn wir heute, wie man das verschiedentlich lesen kann[1], den Zugang zum Erzählen weitgehend verloren haben, mag das damit zusammenhängen, daß wir den Zugang zu echten Erfahrungen, die dem Leben Sinn und Horizont geben, verloren haben. Die Theologie sollte sich dann jedoch hüten, diesen Sachverhalt einfach stillschweigend zur Kenntnis zu nehmen und sich damit abzufinden, weil ihr sonst zugleich mit der Sprachform des Erzählens auch die Dimension der Erfahrung vollends aus dem Blick entschwinden könnte.

Bei *Max Frisch,* der sich, obwohl in der Literaturwissenschaft das Er-

---

[1] R. Bohren, Predigtlehre, München 1971, 170 zitiert die Bemerkung von Alain Robbe Grillet: »Erzählen im eigentlichen Sinn des Wortes ist unmöglich geworden«; und H. Weinrich (in: Concilium 9/1973) verweist auf kritische Noten W. Benjamins und Th. W. Adornos zur erzählenden Literatur.

zählen wiederholt totgesagt wurde, nicht eben schlecht aufs Erzählen versteht, lese ich nachdenkenswerte Sätze: »Vielleicht gibt es kein anderes Mittel, um Erfahrung auszudrücken, als das Erzählen von Vorfällen, also von Geschichten: als wäre es die Geschichte, aus der unsere Erfahrung hervorgegangen ist. Es ist umgekehrt, glaube ich. Was hervorgeht, sind die Geschichten. Die Erfahrung will sich lesbar machen . . . Die Erfahrung dichtet. Wenn Menschen mehr Erfahrungen haben als Vorkommnisse, die als Ursache anzugeben wären, bleibt ihnen nichts anderes übrig als ehrlich zu sein: sie fabulieren. Wohin sonst sollen sie mit ihrer Erfahrung? Sie entwerfen, sie erfinden, was ihre Erfahrung lesbar macht. Die Erfahrung ist nicht ein Schluß, sondern eine Eröffnung; ihr Bezirk ist die Zukunft.«[2]

Diese Bemerkungen sind bei Frisch natürlich nicht gezielt auf das Gebiet religiöser Erfahrungen bezogen. Sie treffen aber auch dafür zu. Man erinnere sich nur an den inneren Zusammenhang zwischen der Ostererfahrung und der daraus sich entwickelnden urgemeindlichen Erzähldynamik, die schließlich in den Evangelien ihren schriftlichen Niederschlag gefunden hat. »Die Erfahrung dichtet.« Sie reflektiert sich nicht allererst in die Gestalt theoretischer Satzwahrheiten und systematischer Gedankengebilde hinein, sondern in die Gestalt von Erzählungen. Denn in der Erzählung wird am ehesten wach und lebendig gehalten, worauf die Erfahrung, erst recht die religiös geprägte Erfahrung, hinauswill: nicht auf einen Beschluß, sondern auf eine »Eröffnung«; nicht auf das Fixe und Fertige, sondern auf die »Zukunft«.

Zwar nicht unter denselben Voraussetzungen, aber in der gleichen Richtung hat sich bekanntlich *Gerhard von Rad* geäußert. Er hat immer davor gewarnt, die geschichtlichen Überlieferungen Israels in klare gedankliche Zusammenhänge einordnen und die bunte Vielfalt des Erzählten mit einem großen systematischen Raster glätten und zurechtstreichen zu wollen. Vor allem hat von Rad dabei ein feines Gespür für die poetische Substanz in den biblischen Erzählstoffen entwickelt: »Ja, es wäre zu betonen, daß Israel mit seinen Aussagen aus einer Tiefenschicht geschichtlichen Erlebens kommt, die für die historisch-kritische Betrachtungsweise unerreichbar ist.«[3] »Da wäre zunächst ein sehr allgemeines Faktum auch vom Theologen zu bedenken, daß nämlich ein großer Teil auch der historischen Überlieferungen Israels als Dichtung anzusprechen ist, also als Produkte eines ausgesprochenen Kunstwollens. Dichtung — vollends bei antiken Völkern — ist aber viel mehr als ein ästhetisches Spiel; in ihr betätigt sich vielmehr ein nie zur Ruhe

---

2 M. Frisch, Geschichten, in: Ausgewählte Prosa, Frankfurt/Main 1965, 10f.
3 G. von Rad, Theologie des Alten Testaments I, München 1957, 120.

kommender Erkenntniswille, der sich auf die Gegebenheiten der geschichtlichen und natürlichen Umwelt richtet.«[4] »Die legitimste Form
theologischen Redens vom Alten Testament ist deshalb immer noch die
Nacherzählung.«[5]

## Gottes Zukunft in Geschichten: die Gleichnisse Jesu

Bevorzugt hat Jesus bekanntlich die Erzählform des Gleichnisses.
Nicht, um in verhüllender Weise den Zugang zum Geheimnis des Gottesreiches denen zu verschließen, die nicht zum engeren Jüngerkreis ge-
zählt werden dürfen, wie die viel besprochene Stelle Markus 4, 11f behauptet, die freilich ursprünglich getrennte Sprüche verbindet und damit eine sekundäre Gleichnistheorie vorträgt, weil hier bereits aus den
Gleichnissen allegorische Geheimreden geworden sind. Tatsächlich
sollten die Gleichnisse Jesu nicht der Verschlüsselung, sondern der Ver-
anschaulichung einer Wahrheit dienen. Und sofern das ursprünglich
leitende Motiv in den Gleichnissen Jesu die Ankündigung der nahen
Gottesherrschaft (des Himmelreichs) war, ging es ihnen immer um den
Prozeß der Vermittlung zwischen dieser ankommenden Gottesherrschaft und einer geschichtlich-situativen Wirklichkeit des Menschen.
Die Gleichnisse sind darum wie Momentaufnahmen von der Freiheit
und Gerechtigkeit Gottes, die in menschliche Geschichte verändernd
hereinkommen.
Auf diese Weise stellen sich die Gleichnisse Jesu ihrer Struktur nach insgesamt als *Erzählungen* dar. *Adolf Jülicher* hatte zwar seinerzeit noch
differenziert zwischen dem Gleichnis als Bildwort einerseits und der Pa-
rabel andererseits, welche den Bildwert des Gleichnisses in Erzählung
umgesetzt habe. Schon *Rudolf Bultmann* hat aber darauf hingewiesen,
daß zwischen diesen beiden herauspräparierten Formen »doch im einzelnen der Übergang fließend« sei[6]. Und *Georg Eichholz* vertritt die
Auffassung, daß die synoptischen Gleichnisse überhaupt nur als Erzählungen angemessen beurteilt werden können. Das gilt nicht allein für
ausführliche Gleichnisschilderungen wie zum Beispiel bei der Geschichte vom Schalksknecht in Matthäus 18, 23ff, die deutlich das Ge-
fälle einer Erzählung aufweist mit Spannungsentwicklung, szenischem
Ablauf, Konfliktbildung und so weiter; sondern es gilt nach Eichholz
auch für die kurzen Gleichnisse, Matthäus 13, 44-46 etwa: »So knapp sie
erzählt sind, so sind doch auch sie von dem Atem höchst spannenden
Geschehens erfüllt, was sich sofort zeigt, wenn man sie nachzuerzählen
versucht. Und damit berühren wir eine Kontrollmöglichkeit unseres

---

[4] A.a.O. 121.
[5] A.a.O. 134.
[6] R. Bultmann, Die Geschichte der synoptischen Tradition, Göttingen [4]1958, 188.

Ansatzes. Alle Gleichnisse wollen letztlich *als Geschichten erzählt* werden.«[7] Sie können deshalb von Eichholz auch ausdrücklich als »Kurzgeschichten«[8] klassifiziert werden.

In den synoptischen Gleichnissen haben wir es also mit fiktiven Erzählungen zu tun, die durch eine bestimmte dramatische Struktur geprägt sind und die ihre Wahrheit nicht zufällig, sondern bindend in dieser Sprachform präsentieren. Dies unterscheidet auch das Gleichnis von der Allegorie, eine Unterscheidung, die vor Einsetzen der formgeschichtlichen Forschung übersehen wurde und darum den Gleichnissen Jesu auch durchweg ihre besondere Pointe nahm. Eichholz definiert den Unterschied so: »Gleichnis und Allegorie heben sich so voneinander ab, daß das Gleichnis die Form einer Geschichte hat, die erzählt wird und auf *einen* entscheidenden Punkt des Vergleichs zueilt, das eine tertium comparationis, während die Allegorie die eigentliche Aussage Zug um Zug verschlüsselt und deshalb Zug um Zug gedeutet sein will.«[9] Daß die synoptischen Gleichnisse selbst grundsätzlich Gleichnisse und nicht Allegorien sind, wie Eichholz betont, ist darum wichtig nicht allein zur genaueren Erfassung ihrer literarischen Form, sondern auch und vor allem zum Verständnis der in dieser bestimmten Form erscheinenden Sache. Die Allegorie baut nämlich bereits auf der Kenntnis eines Sachverhalts auf, der auch unabhängig von der Sprachfigur des Vergleichs formulierbar wird. Die Allegorie setzt eine Wahrheit lediglich ins Bild, das Gleichnis aber setzt eine Wahrheit allererst in den Rahmen der geschichtlichen Wirklichkeit des Menschen ein. Die synoptischen Gleichnisse haben deshalb den Charakter einer erzählenden Metaphorik. Sie tragen erzählend in die Wirklichkeit des Menschen ein, was unbedingt mehr ist als Wirklichkeit: eben die Kraft der Gottesherrschaft, den Anfang von Freiheit.

Es ist demnach so, daß die Gleichniserzählung auf die Wirklichkeit des Menschen eingeht, aber diese Wirklichkeit auch immer aufbricht und ent-stellt, indem sie befreiende Möglichkeiten Gottes in ihren Horizont einträgt. Wenn Jesus den Anbruch der Gottesherrschaft in Gleichnissen anschaulich macht, dann führt er zwar Freiheit von Gott in die Realität der Geschichte ein, aber er bringt sie darin noch nicht vollends unter. Diese Freiheit ist und bleibt vielmehr — unter den Bedingungen der Geschichte — das eschatologische Gut. Sie ist nicht *aus* der Welt, aber auch nicht *in* der Welt, sondern sie kommt *zur* Welt. In ihrem Zur-Welt- und Zur-Wirklichkeit-Kommen wird sie erfahrbar, also in einem er-

[7] G. Eichholz, Gleichnisse der Evangelien. Form, Überlieferung, Auslegung, Neukirchen 1971, 23.
[8] Ebd.
[9] A.a.O. 44.

zählbaren Vorgang und nicht etwa unabhängig davon. Daß Jesus Gleichnisse erzählt, geschieht deshalb nicht in pädagogischer Absicht, um sich durch Bildersprache für einfache Menschen besser verständlich zu machen. Denn die Gleichnisse sind fiktive Geschichten, die die vorhandene Alltagswirklichkeit aufschließen auf den befreienden Gott (das »Himmelreich«) hin. Wirklichkeitskritik, die sich da sowohl in noetischer als auch in praktischer Hinsicht ereignet, artikuliert sich in der Gestaltungsfähigkeit einer poetischen Phantasie. In den Gleichnissen wird darum, wie *Paul Ricoeur* erklärt, »durch das Mittel der Fiktion« das Leben neu entdeckt und neu orientiert, indem es zunächst einmal »desorientiert« und »außer Fassung« gebracht wird. Für Ricoeur ergibt sich von daher ein Zug von »Extravaganz innerhalb der Gleichnisse«[10], der freilich mutatis mutandis nicht für die Gleichnisse allein, sondern für biblisches Erzählen überhaupt reklamiert werden kann.

## Entdeckung in Geschichten: die Ostererzählungen

Die Ostergeschichten wahren den sachlichen Zusammenhang zum Kreuz Jesu. Sie sind kein Anhang zur Passionsgeschichte, sondern sie sind in der Retrospektive überhaupt die Voraussetzung dafür, daß die Passionsgeschichte nicht als eine Katastrophengeschichte gelesen werden muß, sondern als eine »Heilsgeschichte« gelesen werden darf. Natürlich war diesen Ostererzählungen nicht an möglichst umfassender und exakter Abbildung von historischen Vorfällen gelegen. Ihr Interesse lag vielmehr im Erzählen als einer »Weise der erinnernden Hoffnung« (Jürgen Moltmann), das also erzählend Wirklichkeit von Welt und Menschen aufschließt für das Geheimnis der Auferstehung Jesu.

Man könnte deshalb die Ostergeschichten als exemplarische Entdeckungsgeschichten bezeichnen, weil hier Menschen die sie bedingende und eingrenzende Wirklichkeit auf fundamentale Weise neu, eben alle Grenzen verschiebend und also fundamental befreiend, entdecken. Die älteste Ostererzählung in Markus 16 unterstreicht diesen Sachverhalt am deutlichsten. Die Frauen, die sich aufmachen am Ostermorgen, das Grab Jesu zu besuchen, nehmen die Wirklichkeit so wahr, wie sie sich ihnen unter dem Eindruck des Karfreitags als unverrückbar darstellt: Jesus ist tot, die Jünger sind geflohen, die Sache Jesu wurde grausam vereitelt, und Gott schweigt. Man kann nichts weiter machen, als diesen Realitäten ins Auge sehen und tun, was einem in diesem hart begrenzten Horizont zu tun übrig bleibt. Tote stehen nicht wieder auf, für sie ist al-

---

[10] P. Ricoeur, Stellung und Funktion der Metapher in der biblischen Sprache, in: Evangelische Theologie (Sonderheft) 1974, 63.

les abgeschlossen, und Hoffnungen, die man einstmals an ihr Leben geknüpft hatte, weichen erstaunlich schnell der Übermacht einer Resignation, die die Sprache der Wirklichkeit vernommen und akzeptiert hat. So gehen also die Frauen zum Grabe, trauernd dem Toten die letzte Ehre zu erweisen. Und dann erfolgt das, was die Erzählung als Erzählung organisiert hat, und was im ganzen Verlauf dieser Erzählung zugleich deren Pointe ist: die Frauen machen die *Entdeckung,* die die Wirklichkeit, in die sie sich eingebunden wußten, radikal verändert, weil sie *in* dieser Wirklichkeit ganz unverhoffte Möglichkeiten aufschließt. Die Entdeckung von Ostern, die in Markus 16 erzählt wird, bedeutet nicht die Entdeckung eines besonderen und bislang bloß unbekannten Stückes Wirklichkeit. Denn dann wäre das Entdeckte *nach* der Entdeckung in den Umkreis des Bekannten einzuordnen. Die Entdeckung wäre von der bisher bekannten, anerkannten Wirklichkeit nicht kategorial, sondern nur temporal, nicht qualitativ, sondern nur quantitativ unterschieden. Aber die Ostererzählung will offensichtlich nicht sagen, daß die Frauen bislang Unbekanntes entdeckt hätten, sondern daß sie ein *Geheimnis* entdeckt haben. Die Auferstehung Jesu Christi bleibt auch nach ihrer Entdeckung ein Geheimnis. Aber dieses Geheimnis wird entdeckt *in* der Wirklichkeit selbst und *als* Wirklichkeit, freilich so, daß es nun die Wirklichkeit selbst nicht bleiben läßt, was sie vordem war: Wirklichkeit nämlich im Zeichen und unter dem Diktat des alles begrenzenden Todes. Aus diesem Grund erzählt die österliche Entdeckungsgeschichte in Markus 16 den Gang der Frauen zum Grabe, und aus diesem Grund schließt die Geschichte, was die Auslegung in der Regel als rätselhaft empfunden hat, durchaus folgerichtig mit dem panischen, buchstäblich die Sprache verschlagenden Erschrecken der Frauen ab: die Entdeckung des Geheimnisses von Ostern zerbricht die natürlichen Maßstäbe von Wirklichkeitswahrnehmung und löst deshalb allererst eine Art Schockreaktion aus. Der radikal neue Aufschluß über das, was Wirklichkeit ist, fügt sich den gewohnten Anschauungen nicht einfach organisch an. Er be-fremdet aufs äußerste. Er führt in den Bruch mit allem, was bisher für wahr und für wirklich gegolten hatte. Und genau diese Erfahrung, diesen Eindruck sucht die Ostergeschichte erzählend einzufangen. Es kann dies nur in der Form einer Erzählung geschehen.

Von dorther, meine ich, läßt sich auch die weitere Traditionsbildung österlicher Erzählstoffe erklären. Dabei war ja nicht allein, wie historische Kritik gerne bemerkt, eine spätere Lust an legendarischer Ausschmückung des Geschehens am Werk. Eher manifestiert sich in den weiteren Ostererzählungen die Phantasie des Geistes, der nicht Tatbestände protokollieren oder in protokollarischer Genauigkeit referieren, sondern der Erfahrungen anschaulich darstellen will. Die Phantasie des Geistes, der aus der Entdeckung von Ostern lebt, wird dann aber auch im Erzählen innovatorisch sein, das heißt: eine je neue Entdeckung des Geheimnisses von Ostern innerhalb einer differenziert geprägten Wirklichkeitserfahrung provoziert auch die Phantasie zu neuem oder wenigstens modifizierendem Erzählen. Die *Wahrheit* der Ostererzählung ist ja ohnehin nicht in ihrem historischen Material zu suchen. Sie liegt vielmehr in der *Qualität ihrer Entdeckung*. Und von dieser Entdeckung ist unbedingt nicht einmalig, sondern vielfältig zu erzählen[11].

Freilich, die Ostererzählung in Markus 16 scheint nun, da sie mit dem schweigenden Schrecken der Frauen angesichts der entdeckten Auferstehungsmacht Gottes abschließt (Kap. 16 endet mit Vers 8, die Verse 9 bis 20 sind späterer Nachtrag), im Entdecken nur das Moment des Befremdens, nicht jedoch das Moment neuen Vertrauens festzuhalten. Jedenfalls bringt sie es nicht ausdrücklich zur Sprache. Sie deutet damit jedoch schon an, daß sie selbst nicht exklusive und unveränderliche Erzählung von Ostern sein kann. Sie ist vielmehr *als* Erzählung von Ostern derart offen, daß sie neue und andere Erzählungen von Ostern buchstäblich erfordert. Die Erzählung in Markus 16 kann und will *nicht alles* über die Entdeckung von Ostern sagen, sie erzählt diese Entdeckung vielmehr so, daß sie im Erzählen grundsätzlich erweiterungsbedürftig und ergänzungsfähig wird.

Als Vergleich mag die Ostererzählung in Lukas 24, 13-35 dienen. Sie ist ebenfalls erkennbar als Entdeckungsgeschichte angelegt. Die Emmaus-Jünger sind unterwegs, und ihre Stimmung ist geprägt von Zweifel (V. 11) und Enttäuschung (V. 21). Jesus, der sich den Wandernden zugesellt, wird zwar wahrgenommen, aber nicht erkannt als der, der er ist. Denn ihre Augen wurden »gehalten«. Der ganze weitere Erzählungsablauf wird nun in seinem Spannungsbogen und seiner Problemlösung sehr präzise daraufhin gelenkt, daß es zur »Entdeckung« von Ostern kommt, zur Entdeckung der Jünger nämlich, daß der Auferstandene unter ihnen gegenwärtig ist: »Da wurden ihnen die Augen aufgetan, und sie erkannten ihn« (V. 31). Die Form der österlichen Entdeckungsgeschichte ist also auch hier gewahrt, im Unterschied zu der mar-

---

[11] Diese Gesichtspunkte treffen sich übrigens mit hermeneutischen Überlegungen, die E. Jüngel (Metaphorische Wahrheit. Erwägungen zur theologischen Relevanz der Metapher als Beitrag zur Hermeneutik einer narrativen Theologie, in: Evangelische Theologie [Sonderheft] 1974, 71ff) zur Analyse metaphorischer Sprache angestellt hat. In der erzählenden Sprache der Bibel, sagt Jüngel, »läßt Gott sich *als* den Kommenden *entdecken*. Rede von Gott ist im eminenten Sinn entdeckende Sprache. Wird aber Gott als der zur Welt Kommende, also als der von dieser Unterschiedene, entdeckt, dann wird zugleich die Welt und auch der weltliche Akt des Entdeckens selber *neu entdeckt*. Gott ist eine Entdeckung, die *alles* mit neuen Augen sehen lehrt« (114f).

kinischen Erzählung jedoch in der Weise, daß sich mit dieser Entdeckung zugleich das Gottvertrauen einstellt, das aufgrund der vorausgegangenen Erfahrungen der Jünger jedenfalls gebrochen worden war. (In der Thomas-Geschichte, Johannes 20, 24-29, fallen Osterentdeckung und Gottvertrauen dann unmittelbar zusammen.) Lukas hat offenbar selbst zwischen der älteren Erzählung vom leeren Grab und dieser jüngeren Emmaus-Geschichte keinen Widerspruch gesehen. Er hat ja die beiden Stoffe redaktionell miteinander verklammert und damit zum Ausdruck gebracht, daß sie sich gegenseitig ergänzen und interpretieren können.

Auf diese Weise gerät nun auch ein ikonoklastisches Motiv in den Blick, das der Überlieferungsgeschichte biblischer Erzählstoffe insgesamt eigentümlich ist, hier aber bei den Ostererzählungen besonders einleuchtend wird. Es gibt eben nicht die eine und allein verbindliche Ostererzählung, die — alle übrigen ausschließend — kanonisiert worden wäre. Es gibt statt dessen mehrere und keineswegs fugenlos harmonisierbare Erzählungen, die sich zur Aufgabe machen, die Wirklichkeit der Welt und des Menschen für Ostern aufzuschließen. Gerade das Nebeneinander dieser Erzählungen wahrt aber den Charakter von Ostern als des offenen Geheimnisses der Versöhnung und der Befreiung, mit dem Gott in die Wirklichkeit des Menschen eingetreten ist. Auch Erzählungen können ja im Einzelfall eine fixierende Wirkung haben. Eine einmalige und allein gültige Ostererzählung könnte in diesem Sinn fixierend wirken, daß sie beansprucht, das Geheimnis der Auferstehung Jesu vollgültig und endgültig erfaßt zu haben. Sie bekäme dann leicht die Bedeutung einer kanonischen Kultlegende, die die bezeichnete Auferstehungswirklichkeit abbildet und repräsentiert. Damit verschöbe sich aber der Bedeutungsgehalt von Ostern selbst: Die Auferstehung würde eine kultisch vergegenwärtigte Sonderwirklichkeit und wäre nicht mehr Wirklichkeit überhaupt in neuer Dimension und mit neuem Horizont, von jedem zu entdecken, der Ohren hat zu hören und Augen zu sehen. Zweifellos sind in der Geschichte des Christentums die Wege immer wieder stark in diese Richtung gegangen. Sie haben einer Zertrennung von »heilig« und »profan«, von »Kirche« und »Welt« Vorschub geleistet und letzten Endes dem Geist der Auferstehung die Kraft zur Wirklichkeitsverwandlung versagt. Hier ist anscheinend ein ikonokratisches Bedürfnis im Spiel. Das Nebeneinander von Ostererzählungen dagegen, wenn es der Sache entsprechend respektiert wird, hat in dieser Beziehung auch eine ikonoklastische Tendenz. Es wehrt nämlich den bildhaften Fixierungen und stellt in den offenen Prozeß der je neuen Entdeckung jenes Geheimnisses, das mit Ostern in die Wirklichkeit eingetreten ist.

# Quellennachweise

Das Kapitel »Die Schächer« (S. 88ff) wurde zuerst veröffentlicht in: *Johannes Kuhn* (Hrsg.), Wendepunkte. Gestalten der Bibel in der Entscheidung. Quell Verlag, Stuttgart 1977. Die vorliegende Fassung wurde leicht gekürzt und überarbeitet.

Die Motti des Buches und der Kapitel wurden entnommen:

S.  8: *Rudolf Bohren*, Predigtlehre. Chr. Kaiser Verlag, München 1971
*Werner Jetter*, Symbol und Ritual. Vandenhoeck & Ruprecht, Göttingen 1978

S. 11: *Schalom Ben-Chorin*, Mutter Mirjam. List Verlag, München 1971
*Jörg Zink*, Er wird meine Stimme hören. Kreuz Verlag, Stuttgart/Berlin 1967

S. 23: *Flavius Josephus*, zitiert nach: Martin Hengel, Die Zeloten. Verlag E. J. Brill, Leiden/Köln 1961

S. 34: *Alexander Solschenizyn*, Der Archipel Gulag. Scherz Verlag, München 1973

S. 42: *Sören Kierkegaard*, Einübung im Christentum. Werkausgabe Bd. II. Eugen Diederichs Verlag, Düsseldorf 1971

S. 54: *George Bernard Shaw*, Die Aussichten des Christentums. Suhrkamp Verlag, Frankfurt/Main 1971

S. 63: *Ernst Bloch*, Prinzip Hoffnung Bd. I. Suhrkamp Verlag, Frankfurt/Main 1959

S. 72: *Reiner Kunze*, Sensible Wege. Rowohlt Verlag, Reinbek bei Hamburg 1976

S. 80: *Schalom Ben-Chorin*, Bruder Jesus. List Verlag, München 1967

S. 88: *Jürgen Moltmann*, Umkehr zur Zukunft. Siebenstern Taschenbuch Verlag (jetzt: Gütersloher Verlagshaus Gerd Mohn), München/Hamburg 1970

S. 94: *Walter Nigg*, Das Buch der Büßer. Walter Verlag, Olten/Freiburg i.Br. [2]1972

# Dr. Reiner Strunk

1941 in Düsseldorf geboren
1960-1966 Studium der Theologie in Köln, Wuppertal, Heidelberg und Bonn,
1. kirchliches Examen in Düsseldorf
1966-1970 Assistent bei Professor Dr. Jürgen Moltmann in Bonn und Tübingen
1970 Promotion zum Dr. theol. (»Politische Ekklesiologie im Zeitalter der Revolution«, Chr. Kaiser / M. Grünewald 1971)
1970-1972 Vikar in Dußlingen bei Tübingen und Stuttgart
1972-1977 Pfarrer an der Gedächtniskirche in Stuttgart
Seit 1977 Studienleiter am Evang. Pfarrseminar in Stuttgart